**2만 번의
통찰**

2만 번의 통찰

상위 1퍼센트 부자들이 부를 얻는 비밀

최현만
한상춘
지음

SECRET OF
SUPER RICH

한국경제신문

통찰¹ 洞察 [통ː찰]

명사 1. 예리한 관찰력으로 사물을 꿰뚫어 봄.

다른 사람이 보지 못하는 것을
보는 힘이 통찰력이다

100년 만에 찾아온 폭염으로 지쳐가던 2021년 여름이 끝나갈 무렵, 낯선 전화번호와 함께 유난히 큰 전화벨 소리가 울렸다. 한국경제신문 한경BP 대표였다. 책을 한 권 써보라는 권유였다. 준비가 되어 있지 않던 터라 고사했으나 그는 끝까지 이야기를 이어갔다.

고민 끝에 평소 편하게 지내는 미래에셋증권 최현만 회장을 찾아가 의견을 구했다. 자초지종을 얘기하자 그저 '써보라'며 그가 덧붙였다. 공통분모가 많으니 우리가 함께 써보는 방법도 좋겠다고. 그는 늘 '영업통', '소통의 달인', '해결사'라는 평판을 들어왔다. 그래서 공통분모가 무엇일지 되물었다. '내가 VIP를 대상으로 영업 활동한 횟수가 1만 회를 넘어 우리나라에서 가장 많을 것'이라는 그의 답변에 순간 '나는 VIP를 대상으로 강의한 횟수가 1만 회를 넘기지 않았을까' 하는 생각이 스쳐 갔다.

그렇게 그와 함께 VIP 대상으로 2만 회 이상 영업하고 강의했던 내용을 토대로 돈에 대한 개념과 금융 지식, 국제경제 흐름 읽는 법 등을 정리했다. 시중에 많이 나와 있는 재테크 책의 한계를 극복하기 위해 관련 이론과 실제 사례 등으로 그 범위를 넓히다 보니 의외로 시간이 많이 걸렸다. 또한 생소한 내용이 많아 다소 어려울 수도 있겠다는 기우를 독자분들에게 미리 전하고 양해를 구한다. 2년 전 출간한 《또 다른 10년이 온다》라는 트렌드 분야 책이 예기치 못한 반응을 얻어 베스트셀러에 이름을 올린 적이 있었다. 이렇게 다시 독자들을 만날 생각을 하니 기분 좋은 긴장감이 느껴진다.

끝으로, 미국 웨스트민스터 스쿨(Westminster School)의 양현웅(Yang Hyunwoong) 군에게 감사를 전한다. 책이 나오기까지 한국경제신문과 미래에셋증권에서 4개월 동안 인턴으로서 방대한 자료를 수집, 정리해준 그의 열정과 성실함, 수준 높은 경제 지식 그리고 계량 모델 습득 능력이 놀라웠다. 앞으로 그가 걸어갈 학문의 길에 커다란 발자국을 남기리라 확신한다.

상위 1퍼센트 부자들의
투자 원칙

‖

1. **기본에 충실하라**
   허황된 꿈은 꾸지 말고 경제 · 금융 지식을 바탕으로 판단하라

2. **자신만의 경기 예측을 하라**
   공개된 지표가 아니라 생활 속에서 변화의 흐름을 미리 읽어라

3. **흔들리지 마라**
   투자한 기업을 믿고, 위험자산 투자는 경기 저점 · 리스크 확대 시점에 하라

4. **균형의 미학을 갖춰라**
   주가 흐름에 따라 욕심을 부리거나 추종 매매를 하지 마라

5. **세계의 흐름을 주시하라**
   해외 시장 흐름에 촉각을 곤두세우고 투자 구루들의 조언을 주체적으로 참고하라

두 번째 통찰
······································
주식을 보는 눈

세 번째 통찰

부동산을 보는 눈

네 번째 통찰
외화 · 환율을 보는 눈

글로벌 부의 흐름, 더 멀리 넓게 보라

재테크는 위험관리에 따르는 성과다. 위험관리를 잘하려면 돈의 흐름을 잘 읽어야 한다. 그리고 돈을 많이 벌려면 국내 투자만으로는 어렵다. 그래서 부자들은 언제나 거시경제부터 주목해왔다. 큰 판부터 읽는다는 얘기다. 한편 부자들은 물론, 일반 개인 투자자들까지 전 세계를 대상으로 투자 폭을 넓히는 시대가 도래했다. 글로벌 머니게임에 대한 이야기를 부자뿐 아니라 더 많은 사람이 들어야 하는 때인 것이다.

갈수록 글로벌 머니게임이 치열해지는 양상이다. 투자 대상도 주식, 채권, 부동산, 달러 등 전통적인 수단뿐만 아니라 예술품, 골동품, 송아지, 물, 고철, 드라마 등에 이어 독특한 기술과 창의적인 아이디어가 넘치는 스타트업과 크리에이터에 이르기까지, 돈만 되면 어디든 투자한다.

재테크 환경은 가히 혁명적이라 할 만큼 급변하는 가운데 위기를 우려하는 목소리도 연일 터져 나오고 있다. 세계 각국이 국가 차원에서도 글로벌 머니게임에 본격적으로 나설 태세라는 게 더 우려되는 사안이다. 이미 군사력에 바탕을 둔 두 차례 세계 대전에 이어, 돈을 무기로 한 3차 대전이 일어나지 않을까 하는 예상까지 나오고 있다.

3차 대전의 무기가 될 세계 자금 흐름 규모도 기하급수로 늘어나는 추세다. 글로벌 인스티튜트에 따르면 전 세계에 흐르는 자금 규모는 금융위기 이후에는 6조 달러로 그 이전의 2조 달러에 비해 3배로 늘어났으나, 신종 코로나바이러스 감염증(COVID 19) 사태를 거치면서 10조 달러로 한 단계 더 상승했다고 한다.

금융위기 이전까지는 헤지펀드를 비롯한 다양한 글로벌 펀드가 글로벌 게임에 앞장섰다. 헤지펀드 전문 자문업체인 헤네시 그룹에 따르면 2009년 리먼 브러더스 사태가 터지기 직전까지 활동했던 헤지펀드 수는 10,000여 개, 총 운용 자산은 1조 3천억 달러로 1990년대 후반에 비해 각각 3배, 10배나 급증했다.

하지만 버락 오바마 정부가 금융위기 재발 방지 차원에서 추진했던 단일금융법(일명 도드-프랭크법) 이후 헤지펀드 활동이 크게 위축됐다. 이때 헤지펀드의 대부로 알려진 조지 소로스도 가족 자금을 제외한 나머지 자금은 투자자들에게 돌려줬다. 이후 전통적인 헤지펀드들의 활동은 지금까지도 크게 회복되지 못하고 있다.

대신 각국이 보유한 외화자산을 국외로 돌려 국부를 증대하려는 새로운 움직임이 나타났다. 미국과 경제패권을 겨루는 중국은 세계 1위의 외환 보유를 바탕으로, 3차 대전의 무기가 될 국부를 더 쌓기 위해 사령부 격인 국가외환투자공사를 설립한다. 이 분야에 탄탄한 입지를 구축한 싱가포르 투자청(GIC)을 비롯해 프랑스, 아일랜드, 노르웨이에 이어 중국까지 가세하면서 돈을 무기로 한 국가 간 머니게임이 발발한 셈이다.

뒤늦게 출발한 중국이 싱가포르 투자청의 테마섹을 벤치마크 대상으로 삼은 숨은 의도는, 국가외환운용기구가 중시해왔던 안정성 위주의 중장기 자산투자에만 한정해서는 국부를 빨리 쌓을 수 없기 때문이다. 돈이 되는 모든 대상에 투자하는 테마섹 전략을 추진해야 국부를 빨리 쌓을 수 있다는 판단에서다. 하지만 국가가 순수 민간 성격의 글로벌 펀드와 전쟁을 선언하는 의미를 함축하고 있어, 글로벌 머니게임은 더 복잡하고 치열해졌다.

미국 단일금융법 추진으로 한동안 위축됐던 헤지펀드를 비롯한 글로벌 펀드들이 생존 차원에서 새로운 전략을 모색하면서 글로벌 머니게임도 새로운 국면을 맞았다. 투자대상과의 관계가 '수동'에서 '능동'적인 지위로 바뀌면서 투자 수익률을 높일 수 있다면 온갖 행위를 동원한다는 점이 가장 큰 변화다. 경우에 따라서는 불법행위도 불사해, 글로벌 머니게임에 이제 막 참가한 신병 국가들과 충돌하는 사태가 발생했다.

종전에는 투자해놓고 수익을 수동적으로 기다렸으나, 행동주의 헤지펀드들이 고개를 들면서 이익이 기대되는 대상을 매입하거나 지분 확보 등을 통한 주주 행동주의(shareholder activism)를 강력한 무기로 삼아 공격적으로 수익을 창출해 나가는 경향이 강화됐다. 이 과정에서 1980년대 기업 사냥꾼으로 한 시대를 풍미했던 커크 커코리언, 넬슨 펠츠, 칼 아이칸 등이 '지배구조 개선의 승리자'로 탈바꿈하며 제2의 전성기를 누리고 있다.

역사적으로 글로벌 펀드들의 투기성향이 약해지면 벌처펀드의 활동이 위축되는 것이 관례다. 하지만 미국 단일금융법 이후 주무기였던 레버리지 투자 규제 등으로 떨어지는 수익을 끌어올리기 위해 새로운 무기로 선택했던 방편이 인수·합병(M&A)이다. 코로나 사태 2년째를 맞아 글로벌 M&A 거래액이 사상 최고 수준을 기록하고 있다. 이 과정에서 인정사정없는 무자비한 카지노 자본주의의 상징인 벌처펀드 성향이 더 강화되는 추세다.

'우호적 M&A'와 '적대적 M&A'로 구분되는 경계선도 여지없이 무너졌다. 최근에 이뤄지는 M&A는 기업을 통째로 삼키려는 적대적 M&A가 대부분이다. 행동주의 헤지펀드가 전성시대를 맞고 있는 코로나 사태 이후로 이러한 경향은 더 심해졌다. 한국에서도 행동주의 헤지펀드로 인해 2015년 이후부터 삼성, 현대에 이어 코로나 사태 이후 LG, SK 등 4대 그룹까지 차례로 공격당하고 있다.

글로벌 펀드들이 머니게임에 나서는 데 전략으로 활용하고 있는 것이 '캐리 트레이드'다. 사전적으로는 금리가 낮은 통화로 자금을 조달해 금리가 높은 나라의 금융상품 등에 투자함으로써 수익을 내는 거래를 의미한다. 증권 브로커가 차입한 자금으로 주식과 같은 유가증권의 투자를 늘리는 행위와 비슷하다. 이때 투자한 유가증권의 수익률이 차입금리보다 높으면 '포지티브 캐리(공격 앞으로)'라 하고 반대의 경우를 '네거티브 캐리(작전상 철수)'라고 한다. 차입한 통화에 따라 '엔 캐리 트레이드'와 '달러 캐리 트레이드', '원 캐리 트레이드'로 구분한다.

캐리 트레이드의 이론적 근거는 환율을 감안한 어빙 피셔의 국제 간 '자금이동설($m=rd-(re+e)$, m: 자금유입규모, rd: 투자 대상국 수익률, re: 차입국 금리, e: 환율변동분)'이다. 이 이론에 따르면 투자 대상국 수익률이 환율을 감안한 차입국 금리보다 높을 경우 차입국 통화로 표시된 자금을 차입해 투자 대상국의 유가증권에 투자하게 된다. 투자 대상국과 자금 차입국 간 금리차익과 환차익을 동시에 얻을 수 있기 때문이다.

자금의 성격상 캐리 트레이드는 반드시 레버리지(증거금 대비 총 투자 가능금액 비율, 군사적으로는 '거짓 전략'에 해당) 투자와 결부된다. 어떤 국가에서 캐리 트레이드 자금이 유입될 때마다 레버리지 투자로 자금이 증폭돼 주식과 부동산 시장에 자산 거품이 쉽게 발생하고 투자 대상국의 경제 상황을 악화한다.

반대로 캐리 트레이드 자금이 이탈될 경우 디레버리지(deleve-rage, 투자원금 회수) 현상까지 겹쳐 국제금융시장에서는 신용경색이 일어나고, 투자 대상국뿐만 아니라 세계 경제와 국제금융시장에 위기(패전)를 초래할 수도 있다. 캐리 트레이드가 활발히 전개됐던 1990년대 이후 발생한 유럽통화위기(1991년), 중남미 외채위기(1994년), 아시아 통화위기(1997년), 러시아 모라토리움(1998년), 서브프라임 모기지 사태(2008년), 리먼 브러더스 사태(2009년), 유럽재정위기(2011년), 테이퍼 텐트럼 위기(2013년) 등이 패전의 흔적들이다.

주목해야 할 부분은, 코로나 사태를 계기로 글로벌 머니게임의 소총수에 해당하는 개인 투자자들이 가세하면서 상황은 더 복잡하고 치열하게 전개되고 있다는 점이다. 한국의 동학개미를 비롯해 로빈후드(미국), 닌자개미(일본), 청년부추(중국) 등의 독특한 별칭이 붙을 만큼 코로나 사태 2년째를 맞아 범세계적인 현상이 됐다. 증시 사각지대로 취급받던 중동, 중남미 지역까지 개인 투자자 비중이 높아지고 있다.

코로나 사태 이후 개인 투자자들이 글로벌 머니게임에 뛰어들고 있는 이유는 언택트와 디지털 콘택트 시대가 예상보다 빠르게 다가오고 있기 때문이다. 증강현실 시대를 맞아 개인 투자자들은 인터넷, 소셜네트워크서비스(SNS) 등을 매개로 열린 집단지성이 가능해져 금융사 이상으로 투자정보를 습득하고 거액의 투자 대상에 접근할 수 있게 되었다. 초불확실성 시대와 초연결 사회가 함께 열린 결과다.

개인 투자자 중에서도 각국의 상위 1퍼센트에 속하는 이른바 슈퍼 리치의 영향력이 커진 점을 주목할 필요가 있다. 코로나 사태를 맞으며 국가, 기업, 금융사, 그리고 개인에 이르기까지 중간 허리가 절연되는 'K'자형 양극화 구조가 심해졌기 때문이다. "재테크 전쟁에서 승리하려면 슈퍼 리치들의 움직임을 벤치마크로 활용해야 한다"라는 조언이 나올 정도다. 포스트 코로나 시대에도 양극화 추세는 더 심해지리라 예상된다.

이론으로나 실제로나 그동안 알려졌던 이론과 관행이 더는 들어맞지 않는 '뉴노멀' 현상이 글로벌 머니게임을 더 복잡하게 만든다. 전장에서 종전의 군사 이론과 전략이 들어맞지 않는다는 의미다. 각 시장 간에는 '보완'보다 '상충' 관계가 나타나는 것이 관례다. 특히 투자자들이 위험자산을 선호하는 경향이 높아지면서 가장 많이 선택하는 주식과, 안전자산에 대한 선호 경향이 높아지면서 보유 비중이 늘어나는 채권이 역(逆)관계에 놓여 있다는 점은 널리 알려진 사실이다.

금융이 실물의 동맥 역할을 잘할 만큼 이들 부문 간 규모가 비슷할 경우, 특정 시장(예: 증시)이 부각되면 다른 시장(채권)에서는 자금이 이탈할 수밖에 없기 때문이다. 이때는 주가, 금리 등과 같은 가격변수가 실물경제를 제대로 반영하기 때문에 경제기초여건을 토대로 각종 모델에 따른 예측이 비교적 잘 맞았다.

최근 들어 이 같은 정형화된 사실과 모델에 의한 예측이 잘 맞지 않는 이유는 '유동성 장세'라 할 만큼 돈이 넘쳐흐르기 때문이다. 현재 금융자본 규모가 실물경제보다 3배 이상 크다는 게 국제금융시장 참여자들의 지배적인 시각이다. 하지만 돈이 넘쳐흐름에 따라 주식, 채권, 주택, 비트코인을 비롯한 가상화폐 등 재테크 대상이 되는 모든 자산가격이, 거품이 우려될 정도로 오르고 있다. 무기가 너무 많으면 방치되는 것과 같은 이치다.

선진국 자금과 개도국 자금 간 '글로벌 머니게임'도 갈수록 치열해지고 있다는 점도 주목할 필요가 있다. 투자의 세 원칙을 수익성, 안정성, 환금성으로 볼 때 선진국은 수익성이 낮은 대신 안정성이 높고 개도국은 통상 이와 반대였다. 그러나 코로나 사태를 거치면서 수익성까지도 선진국이 높아지고 있다. 금융위기 이후부터 유동성이 워낙 커져서 선진국, 개도국 자금 모두가 환금성에 대해 투자 때는 크게 고려하지 않아도 된다.

이 때문에 선진국 자금이 높은 수익을 좇아 잉여자금은 펀드 형태로, 잉여자금이 없을 때는 금리 차를 이용한 캐리 트레이드 형태로 개도국에 유입되는 추세도 바뀌고 있다. 뉴 밀레니엄 시대에 들어서면서 선진국 자금은 브릭스(브라질·러시아·인도·중국), 친디아(중국·인도)에 많이 유입됐으나, 코로나 사태를 거치면서 선진국으로 자금이 환류되는 움직임이 빨라지고 있다는 점도 눈에 띈다.

개도국 자금은 수익성보다 안정성을 중시해 가장 안전한 자산으로 평가받는 미국의 국채를 비롯한 선진국 자산에 투자한다. 지금까지 세계 경제와 국제금융시장이 비교적 안정을 유지해올 수 있었던 까닭은, 선진국 자금이 유출되더라도 개도국 자금이 메워주는 국제간 자금 흐름 메커니즘이 작동됐기 때문이다. 하지만 코로나 사태를 거치면서 선진국은 자금이 더 풍부해지고 개도국은 더 부족해지는 국제간 자금 불균형이 심해지고 있다.

앞으로 국제간 자금 흐름과 관련해 짚고 넘어가야 할 부분은, 선진국 자금은 수익성을 개도국 자금은 안정성을 우선 고려해 투자함에 따라, 글로벌 머니게임이 진전될수록 선진국 자산이 늘어난다는 점이다. 한국(MSCI 기준)을 비롯한 개도국들이 자국의 토종자본을 육성하고 세계적인 투자은행(IB)을 만들기에 고심하는 것도 이 때문이다. 특히 중국이 이 움직임에 앞장서고 있다.

문제는 갈수록 심화하는 국제수지 불균형으로 미국 국채를 비롯한 선진국 자산의 안정성이 떨어지면서, 지금까지 유지돼온 국제간 자금 흐름 메커니즘이 흐트러지고 있다는 점이다. 최근 들어서는 중동 산유국과 아시아 국가들의 과잉 저축분이 미국 국채에서 선진국의 기업인수와 같은 실물자산으로 투자 방향이 옮겨지는 추세가 뚜렷하다.

그중에서 개도국 자본이 선진국의 항만, 에너지와 같은 기간산업을 인수할 경우 선진국 경제 안보에 위협이 될 수 있다. 2차 대전 이후 선진국은 '세계화'로 상징되는 신자유주의를 외쳐왔으나,

최근 들어 모든 경제현안을 자국의 주권 확보 차원에서 바라보는 '경제 애국주의'가 탄생한 주요인이다.

그동안 세계 경제를 주도해왔던 선진국이 자국 이익을 우선하는 경제 애국주의로 나아감에 따라, 개도국 가운데 자원 보유국을 중심으로 반발이 심해지는 양상이다. 포스트 코로나 시대에 세계 경기가 둔화하더라도 국제원자재 가격의 고공행진이 지속되고 대내외 증시에서 원자재 관련 업종 주가가 크게 오르리라 전망하는 것도 이런 이유에서다. 국제원자재 가격이 슈퍼 사이클 국면을 맞게 되리라는 시각도 끊이질 않는다.

앞으로 세계 증시의 동반 상승세 지속 가능성 여부도, 글로벌 머니게임 과정에서 나타나고 있는 선진국의 경제 애국주의와 개도국의 자원민족주의로 대변되는 경제 이기주의를 어떻게 절충해 나가느냐에 따라 좌우될 확률이 높다. 공존한다면 '대세 상승기', 충돌한다면 돈을 매개로 한 선진국(미국)과 개도국(중국) 간 3차 대전이 일어나면서 '대세 하락기'가 찾아오리라 예상된다.

이머징 마켓과 국제간 자금 흐름이 바뀌는 상황에서는 그동안 잠복해 있던 국가 운영이나 기업경영, 투자 면에서 위험요인이 부각된다는 사실을 유념해야 한다. 세계경제포럼(WEF)은 이 같은 글로벌 리스크에 효과적으로 대비하기 위해 국가 위험관리 책임자(CRO) 제도를 도입하자고 권고했다. 국가에만 적용되는 제도가 아니다. 기업과 개인에게 더 요구되는 제도다.

1부

부자가 되고 싶다면 그들을 관찰하라
부자처럼 공부하고 부자처럼 저축하고 부자처럼 투자하라

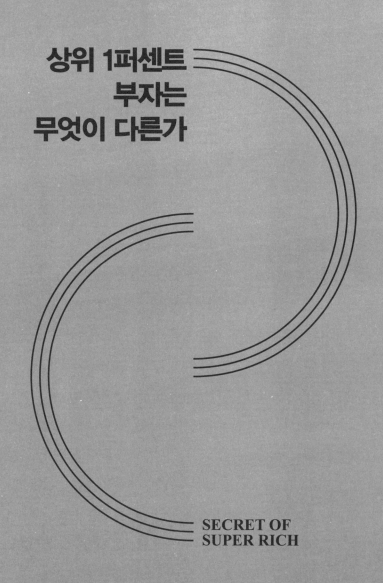

상위 1퍼센트
부자는
무엇이 다른가

SECRET OF
SUPER RICH

돈이 얼마나 있어야 부자일까

얼마나 벌어야 부자일까? 돈을 벌기 위해서는 '얼마나 벌 것인가?' 하는 목표부터 확실히 세워야 한다. 대부분 재테크를 다루는 책이나 전문 재테크 강사들은 이 지점에서 출발한다. 금융사들은 이 점을 내세워 "도대체 지금까지 뭐 하셨습니까?" "지금이라도 빨리 금융상품에 가입하세요!"라고 다그치기까지 한다.

10억, 20억, 30억 원, 50억 원…. 지금까지 나온 재테크 관련 책과 강사 그리고 금융사들이 나름 부자의 기준으로 제시한 자산 규모이다. 이들이 제시하는 기준들이 워낙 다르고 제시하는 목표도 크게 차이가 난다. 종전에 제시한 목표에 도달하면 또다시 목표가 올라간다. 이 때문에 보통 사람들이라면 이 목표를 접할 때마다 얼마나 벌어야겠다는 확신이 서기보다 혼란스러울 때가 많다.

국내 금융회사들이 영업 차원에서 터무니없는 목표를 제시해 사람들을 성급하게 만들거나 투기 성향을 부추겨, 결국에는 재산 증식에 실패하도록 몰아가는 사례가 많다는 점에서 이는 심각한 문제다. 특히 소득이 낮은 하위 계층에 속한 사람들에게는 자괴감까지 들게 해 극단적 선택 등 사회병리 현상을 초래하는 사례도 종종 발생한다. 재테크가 '행복'이 아니라 '죄악'인 셈이다.

5분위 계수, 10분위 계수, 지니 계수, 로렌츠 계수 등 각종 소득 불균형 정도를 평가하는 지표로 볼 때 우리나라는 위험수위를 넘어선 지 오래됐다. 이 상황에서 금융회사들이 갈수록 실적과 성과급 체제로 가는 점을 감안하면 앞으로 이들이 제시하는 목표는 더 올라갈 수밖에 없다. 이에 따라 나타나는 사회병리 현상은 지금보다 더하면 더했지 줄어들지는 않으리라 예상된다.

얼마나 벌어야 하나. 재테크 첫 입문 때부터 늘 금융사로부터 요구받거나 스스로에게 던지는, 쉽지 않은 질문이다. 정답은 없겠지만 그래도 자신에게 맞는 재테크 목표를 찾으려면, 이 야누스처럼 두 얼굴을 지닌 돈이 왜 생겨났는지부터 알아볼 필요가 있다. 대부분 재테크 관련 책과 강사들은 이 지점을 소홀히 하거나 의도적으로 외면한다. 일종의 도피다.

인류 역사상 경제활동 참여 인구가 적고 인간의 욕망이 단순할 때에는 돈이 필요 없었다. 서로 무엇이 필요한지 쉽게 알 수 있었고, 팔고 사는 이해관계가 서로 같다면 물물교환을 통해 욕망을 채울 수 있었기 때문이다. 이를테면 'A'라는 사람에게 배추가 많고 고추가 부족한 반면 'B'는 고추가 많고 배추가 적다면 서로 배추와 고추를 맞교환해서 부족한 부문을 채울 수 있었다.

시간이 지나면서 참여하는 경제활동 인구가 늘고 인간의 욕망이 복잡해짐에 따라 단순한 물물거래가 어려워졌다. 서로가 많고 적은 이해관계를 파악하기가 힘들어졌고 거래 비용도 커졌기 때문이다. 이때 '돈'이 발생했다. 돈이 갖는 다양한 기능과 돈이 필요한 여러 동기 가운데 가장 기본은 역시 거래의 편리성이다.

태생적으로 돈은 그 자체가 목표가 아니라 생활의 편리를 도모하기 위한 수단이다. 이 때문에 얼마를 벌어야 할 것인지 알고자 한다면, 어느 누구도 서로 같을 수 없는 각자의 경제활동과 생애주기부터 알아야 한다. 같은 시대에 살더라도 사람마다 경제활동과 생애주기에 따라 필요한 돈의 액수가 다르다.

'돈을 얼마나 가져야 부자다'라고 말할 수 있는 일률적인 목표를 제시하기가 어려운 것도 이 때문이다. 목표가 분명치 않은 상황에서 돈 버는 방법을 제시한다면 공감을 얻기가 힘들다. 역선택 이론을 적용하면, 제목만 다를 뿐 비슷비슷한 내용을 담은 그 많은 재테크 책들이 팔리는 이유도 돈 버는 목표에 관한 한 정답이 없기 때문이다.

우리의 경우를 생각해보면 최근 들어 생애주기가 급변하고 있다. 불과 몇 년 전만 하더라도 대부분 사람들은 20대 후반에 직장

생활을 시작해서 특별한 과오를 저지르지 않는 한 법정 정년인 58세까지 근무가 가능했다. 평균수명도 70~74세에 불과해 은퇴 후 생존 기간이 길어야 15년 안팎이었다.

이때만 하더라도 특별한 노후설계가 필요 없었다. 근무 기간에 얼마를 저축하든 퇴직금 누적제가 실시됨에 따라 한 직장에서 30년 동안 근무한다면 대기업의 경우 퇴직금이 대략 3억 원 정도 나온다. 짧은 노후기간을 생각하면 이 퇴직금만으로도 은퇴 이후의 필요 자금이 어느 정도 확보가 가능했다. 예외가 없지는 않겠으나 효행심이 강한 자녀들이 부모 공양도 잘했다. '자녀보험'이다.

최근에는 근로자의 정년이 법적으로는 60세까지 늘었지만 실질적으로는 50세 전후로 앞당겨졌다. 한국 노동시장을 주도하는 4대 그룹의 경우 초임 임원의 평균연령이 50세 전후로 나타났기 때문이다. 하지만 평균수명은 늘어나 한창 일할 50세의 경우 90세까지는 무난히 살 수 있다고 관련 전문기관들은 전망한다. 그 또한 변한다. 평생 필요한 돈을 추산하기 어려우니, 얼마가 있어야 부자인지에 대한 질문에도 답하기 어렵다. 중요한 건 돈을 모아 '부자라는 타이틀'을 따는 게 아니다. 내 삶에 얼마가 필요한지 예측해보고 이에 따라 제대로 투자 계획을 세우는 게 중요하다.

집사형 재테크 전문가와
헤지펀드형 계 모임

재테크하는 개인들은 금융 지식 확보가 중요하다. 하지만 고객인 일반인의 입장에서 금융 지식 습득은 생각만큼 쉽지 않다. 이 때문에 세계적인 슈퍼 리치들은 금융 지식으로 단단히 무장한 집사형 재테크 전문가들을 개인적으로 고용해 자산을 관리한다. 이러한 경향이 새로운 추세로 자리 잡아가고 있다.

다양한 부자들의 돈을 모아 관리하는 금융회사들의 일반적인 프라이빗 뱅킹(PB)과는 달리, 단 한 명을 위해 집중 자산관리 서비스를 한다는 점이 집사형 재테크 전문가들의 특징이다. 〈월스트리트저널(WSJ)〉은 이런 업무를 하는 사람들이 미국에서만 10,000명을 넘어섰고 갈수록 증가하고 있다고 보도했다.

집사형 재테크 전문가들을 원하는 슈퍼 리치들이 늘면서 이들의 몸값도 천정부지로 치솟고 있다. 최근 5년 동안 매년 20퍼센트씩 연봉이 올라 연간 300만 달러 이상을 받는 사람들도 적지 않다. 우수한 사람들 붙잡아두거나 스카우트하기 위한 각종 부가 혜택도 늘어나고 있다. 골프 클럽 회원권이나 호화파티 초대는 물론 자가용 제트기를 빌려주거나 재테크 전문가의 아이들을 수업료가 비싼 사립학교에 보내주는 사례가 늘고 있다.

개인 차원에서 집사형 재테크 전문가를 두려면 비용이 많이 들어 쉽지 않다. 이 때문에 특정 목적을 위해 이해관계를 같이하는 사람들이 돈을 모아 관리하는 '헤지펀드형 계' 모임이 늘어나는 추세다. 특히 한국형 헤지펀드가 허용된 이후에도 강남의 복부인을 중심으로 계 모임이 줄어들지 않는 까닭은, 선진국처럼 헤지펀드가 탄탄히 자리 잡지 못해 이런 욕구를 충족시키는 데 미흡하기 때문이다.

강남 지역을 중심으로 성황하는 이 헤지펀드형 계 모임은 누구나 가입할 수 있는 일반 공모펀드와 달리 계원이 최대 30명을 넘지 않는다. 계원들이 10명 내지 15명으로 구성되는 경우가 대부분이다. 계원을 모집하기 위한 공개 설명회도 열리지 않는다. 계원을 대상으로 은밀하게 투자정보가 거래되거나 계 모임 때 전문가를 초청해 자체 투자 설명회를 연다.

새로운 투자 트렌드의 중심에는 각 금융회사의 PB센터나 자산운용사가 자리 잡고 있다. 심지어는 신뢰할 만한 전직 금융인들이 직접 계주가 되어 계 모임을 주도하기도 한다. 이들은 사모펀드를 운영하는 자산운용사나 금융회사의 PB센터를 매개하거나 직접 운영하기도 한다.

이들 계 모임이 투자 대상으로 가장 선호하는 분야는 역시 부동산 투자다. 한 시중은행에 근무하는 강남 PB센터 팀장의 얘기를 들어보자. "최근 유행하는 강남 지역의 계 모임은 사실상 헤지펀드 성격이 짙다"며 "종전처럼 곗돈을 탈 때 만나는 자리에서 먹고 마시는 것보다 높은 수익을 낼 수 있는 부동산과 금융상품에 대한 정보 교환을 통해 직접 투자하거나 심지어는 해외 부동산을 매입하기 위해 투자 여행을 떠나기도 한다"라고 전한다.

실제로 곗돈을 부동산에 투자해 큰돈을 번 사례도 많다. 압구정동에 사는 이른바 '아줌마'로 구성된 계 모임의 계원이었던 L(여, 56세)씨는 "우리 계는 12명으로 구성돼 한 달에 500만 원을 내는 계다. 다섯 번째까지 모인 곗돈으로 계원 공동명의로 강북 아파트를 매입해 100퍼센트 이상의 수익을 올렸다"며 "투자한 아파트를 남에게 임대해주지 않고 계원들의 모임 장소로 활용해 계원들이 아주 만족해한다"라고 말했다.

부동산뿐만 아니라 갈수록 투자 대상이 금융상품 쪽으로 옮겨가는 추세다. 현재 강남 지역을 중심으로 유행하는 계를 포함한 사적 모임 펀드는 모금의 성격과 규모로 보아 둘로 구분된다. 하나는 모임 목적이 계처럼 펀드 결성이 아니라 사적인 모임에서 시작되는 경우다. 이때 모임의 경비나 친목을 위한 해외여행 등의 경비, 그리고 노후 여유자금으로 활용하기 위해 주변에 소문난 금융 전문가에게 자금을 맡겨 운영한다.

모 증권사의 도곡 지점장은 "우리 지점의 경우 계 모임이나 동문회 자금, 사회 친목 모임 등에서 자금을 맡아 운영하고 있다"며 "위탁 자금의 20퍼센트 손실이 발생할 때 즉시 자금을 해체한다는 옵션이 있으며, 최초 원금의 두 배가 된 경우 원금을 인출해 각자 지분대로 돌려주고, 운영을 하며 창출되는 수익금으로 모임 경비를 충당하고 나머지는 계속 적립한다"라고 말했다. 다른 하나는 계 등 사적 모임 자체가 아예 자금 운용을 위한 소규모 헤지펀드의 성격을 띠는 경우다. 자금 규모가 클수록 시장에서 얻을 수 있는 고급 정보에 손쉽게 접근할 수 있고 각계의 전문가를 초빙해 투자의견을 물어볼 수 있어 유리하기 때문이다.

도곡 지점장은 "헤지펀드성 사적 모임은 대개 10명 내외의 자금력이 있는 이들이 중심이 돼 구성해 시장을 판단하고, 매월(경우에 따라 수시로) 한 번 모이는 정기 모임에서 투자 방향을 정한다. 또 좋은 투자처가 나타나면 간사를 중심으로 회의를 소집해 투자판단을 내린다"며 "대내외 주식 직접투자, 전환사채(CB), 신주인수권부 사채(BW) 등 수익성이 좋다고 판단되면 어디에든 언제든지 투자한다"라고 덧붙였다. 현재 이런 투자모임이 강남에만 수십개가 활동하고 있고 일부 계 모임은 언제든지 100억 이상의 대규모 자금도 동원 가능하다고 알려져 있다.

일찍부터 곗돈과 같은 특별자산에 주목한 PB들은 "부동산이나 자산운용사 등을 통해 이색펀드에 투자할 때 갈수록 일정 이상의 자금이 요구되는 만큼, 이를 마련하기 위해 계나 사적 투자모임이 증가하는 추세"라며 "이런 자금을 모집하기 위해 높은 수익을 낼 수 있는 투자 제안서를 만들어 아예 계 모임이 열리는 음식점 등에 찾아갈 때도 많다"고 말했다. 선진국과 비슷한 추세로 발전하는 양상이다.

심지어는 각종 이벤트 행사에 직접 투자하는 데 실질적으로 벤처형 헤지펀드 성격을 띠는 경우도 있다. 코로나 사태 이전에 열렸던 서울 코엑스 1층 특별 전시장에서 '와! 사이언스 과학 마을 체험장'이라는 대형전시 행사에 2개월 동안 수십만 명이 몰리면서 전시 기획자가 대박을 터트린 적이 있다.

이 행사가 성공하면서 30명의 강남 지역 개인 투자자들도 큰 수익을 거뒀다. 이들은 ○○ 자산운용의 '사모 사이언스 특별자산 펀드'에 28억 원을 투자했다. 체험전 개최비용을 지원하고 입장료 수입을 나눠 갖는 형태였다. 이곳에 투자했던 H(전직 KB은행 지점장, 여, 52)씨에 따르면 "최종 수익률은 12.5퍼센트, 최초 투자에서 상환까지 4개월이 걸렸기 때문에 연이율로 따지면 37.5퍼센트에 달해 계원들이 만족해했다"고 말했다.

슈퍼 리치의 금융교육은
5세부터 시작된다

한 나라의 경쟁력을 결정하는 핵심요소를 보면, 1990년 전후 베를린 장벽이 붕괴되기 전까지 냉전 시대에서는 전적으로 정치 군사력이 좌우했다. 그 후 다국적 기업에 의해 세계화가 진전되는 시대에서는 기업 경쟁력이 대변했다. 정확히 시기를 구별할 수 없으나 대체로 뉴밀레니엄 시대에 들어오면서부터는 금융 부문이 급팽창하기 시작했다. 이제는 금융 경쟁력이 국가 경쟁력을 좌우하는 시대가 됐다.

선진국들이 어린이 경제교육에서 갈수록 돈과 관련된 금융교육에 치중하는 것도 이런 이유에서다. 이제는 어린이를 대상으로 한 금융교육이 개인이 돈을 벌기 위한 수단일 뿐만 아니라 소속국가의 경쟁력을 좌우하는 시대가 됐다. 어떤 이들은 어린이들이 돈을 너무 일찍 알게 되면 어린이다운 순수함을 잃지 않겠느냐고 반문할지 모른다. 이런 우려에도 불구하고 돈과 관련된 금융교육은 선진국일수록 시기를 앞당기는 추세다.

어린이 금융교육을 언제부터 시작해야 할지 고민하는 사람들이 많다. 유아교육 전문가들도 관련해 의견이 분분하다. 기준에 따라 나름대로 적절한 시기를 제시하고 있지만, 세계적인 슈퍼 리치들이 언제부터 금융교육을 접했는지 알아보면 대부분 5세 전후로 나온다.

그렇다면 5세 전후로 금융교육을 어떻게 할 수 있을까. 유치원 등에서 하는 경우가 가장 흔하다. 특히 우리나라에서 어린이 금융교육의 중요성이 갑자기 강조되면서, 반드시 일(대부분 아빠의 구두를 닦게 하는 등 허드렛일)의 대가로 용돈을 주고 씀씀이를 어른들 가계부와 같이 기록하라고 강조하면서 시작한다. 갑자기 금융교육을 강조하다 보니 "하긴 해야 하는데 무엇을 해야 할지" 모르는 상황에서 이 방법을 택하는 유치원들이 많다.

반면 선진국의 경우 부모를 통해 자연스럽게 금융교육을 접한다. 금융교육 시기가 5세 전후라 했지만 워런 버핏 등과 같은 세계적인 슈퍼 리치들은 그 이전부터 금융교육을 받았다. 부모로부터 접했기 때문이다. 슈퍼 리치들의 금융교육은 태어날 때부터 시작된 모태(母胎) 금융교육이자 체화(體化)된 금융교육인 셈이다. 일반적으로 부자인 부모로부터 태어난 자녀들이 돈을 벌 수 있는 확률이 높은 이유도, 물려받은 상속재산이 많아서라기보다 남보다 금융교육을 일찍 접할 수 있었기 때문이다.

최근 들어서는 자연과 동식물의 활동을 통한 생태 경제교육이 유행하고 있다. 어린이들이 생태에 대한 관심이 높은 데다, 대부분 자연과 동식물이 오랜 기간에 거쳐 지금의 모습으로 진화한 이유는 한정된 여건에서 최적의 모습을 갖출 수 있었기 때문이다. '한정된 여건에 최적의 모습'이라는 개념은 부족한 재원으로 무한한 욕망을 채우는 경제의 기본원리와 같다. 지금까지 가장 오랫동안 생존해온 자연과 동식물은 가장 효과적으로 경제활동을 했기 때문에 생존이 가능했다는 의미다.

어떤 방법을 선택하든 간에 일단 배운 금융지식을 어린이들이 몸에 익히도록 하는 것도 중요하다. 돈을 찍어내는 한국은행에 방문하거나 자본주의의 꽃이라고 하는 증권회사를 견학해 금융교육과 현실 간에 어떤 차이가 있는지를 체험적으로 습득하도록 해야 한다. 또 경제놀이를 통해 어린이들이 배운 것을 스스로 체험해보게 하는 것도 좋다. 어떤 방법을 택하든, 부자가 되기 위한 경제 안목을 갖추도록 하려면 가능한 한 빨리 금융교육을 시작할 것을 권한다.

스스로 금융상품을
고를 수 있는 FQ를 기른다

재테크 시장은 여러 기준에 의해 달리 정의되지만, 돈을 번다는 면에서는 양질의 정보를 많이 갖고 있는 사람이 그렇지 못한 사람보다 성공할 확률이 높은 곳이다. 특히 우리처럼 중진국 이하에 속한 국가일수록 그렇게 될 가능성이 높다. 시간이 갈수록 작은 정부를 지향하고, 국가의 녹(祿)을 받고 사는 공무원들에게 높은 도덕성과 청렴성이 요구되는 것도 같은 이유에서다.

요즘 관심이 높은 주식시장을 예로 들어보자. 크게 보면 증시에 참여하는 사람들은 외국인과 기관 투자자, 그리고 동학개미라 하는 개인 투자자로 구분된다. 이 가운데 외국인과 기관 투자자들이 투자 대상으로 선택한 기업은 전문 이코노미스트와 애널리스트들이 철저하게 분석한다. 심지어는 해당 기업의 임직원보다 그 기업에 대해 더 상세하게 아는 경우가 많아, 아예 최고재무책임자

(CFO)로 채용되기까지 한다.

하지만 개인 투자자들은 경제신문, TV, 인터넷, 유튜브 등과 같은 매스컴이 추천하거나 주식투자에 밝은 사람들이 추천하는 주식을 귀동냥해서 사게 된다. 이 때문에 정보의 질과 양적인 면에서 개인 투자자들은 외국인과 기관 투자자들에게 엄청나게 뒤처질 수밖에 없게 되고 수익률도 떨어졌다. 개인 투자자들이 주식에 투자할수록 외국인과 기관 투자자들에게 엄청난 이익을 퍼준다는 말까지 나오는 것도 같은 이유에서다.

이런 속성을 지닌 재테크 시장을 외면한 채 돈을 벌겠다고 성급하게 뛰어드는 사람의 경우, 그때그때 좋아 보이는 주식과 부동산을 사게 된다. 주변에서 '어떤 주식이 좋다더라' '어떤 지역에 개발 계획이 있다더라' 하면 귀가 솔깃해져 장기간 보유하기보다 성급히 교체하곤 한다. 따라서 투자에 따른 이익보다 비용만 많이 치르게 된다. 요즘 들어 부쩍 관심이 높아진 비트코인을 비롯한 가상화폐 투자는 더 그렇다. '투기'라는 말이 더 어울릴 정도다.

생각해봐야 할 것은 주식에 처음 투자하거나 부동산을 처음으로 매입하는 사람들이 성공하는 경우가 의외로 많다는 사실이다. 짧은 기간에 많은 수익을 얻다 보면 마치 세계적인 투자 구루가 된 양 다른 것을 아랑곳하지 않는다. 오히려 첫 투자 성공을 바탕으로 보다 많은 돈을 투자하고 심지어는 여윳돈뿐만 아니라 대출을 받아 투자한다. 이런 경우 대부분 투자 횟수가 늘어날수록 손실액이 커지게 된다.

이 때문에 재테크 관련 책이나 재테크 강사, 그리고 최근에는 유튜브 방송에서 추천하는 방식대로 주식을 사거나 부동산을 매입하면, 물론 어쩌다 성공할 수도 있겠지만 평균적으로는 성공 확률이 아주 낮다. 다른 방법으로 접근해야 재테크를 통해 돈을 벌 수 있다는 의미다. 다시 말해 재테크에 접근하는 방식부터 달라져야 한다. 대한민국 상위 1퍼센트에 속하는 부자들은 어떻게 하고 있을까? 일반인들이 여윳돈이 생기면 흔히 돈을 불릴 수 있는 재테크 수단들은 헤아릴 수 없이 많아 보인다. 그러나 곰곰 따져보면 주식과 부동산, 채권, 달러, 금, 그리고 최근에는 가상화폐에 투자하는 정도다. 다른 금융상품들은 재테크 수단들을 어떻게 혼합하느냐, 어떤 금융기법을 사용하느냐 등에 따라 명칭만 달라질 뿐이다. 이런 속성을 감안해보면, 아무리 좋은 상품이라 하더라도 재테크 기본 수단에서 수익을 내지 못한다면 높은 수익을 낼 가능성은 줄어든다. 특히 우리의 경우 주식과 부동산 투자 수익률이 중요하다.

그런데도 금융회사들은 새로운 상품이 나올 때마다 마치 '이것이 아니면 안 된다'고 할 정도로 대대적으로 광고에 열을 올리거나 판매 경쟁을 한다. 또 재테크를 저축처럼 중장기적인 안목에서 접근하기보다 단기간 빨리 성공하는 내용을 담은 금융회사들의 광고에 쉽게 동요돼 가입하게 된다. 사정이 이렇다 보니 이들은 보유하는 통장이 많아 뿌듯해할지도 모른다. 그러나 최종 목표인 투자 수익은 커다란 성과 없이 오히려 통장을 없애는 데 많은 시간을 들이다가 애꿎은 창구 직원과 싸우는 장면이 가끔 펼쳐진다.

잠시 우리나라 금융회사들의 영업방식을 살펴보자. 이상적인 금융회사라면 고객의 이익을 바탕으로 자신들이 생존하는 '포지티브 영업방식'을 추구해야 한다. 이 전략이 가능하려면 금융회사들이 뛰어난 인력과 전문지식, 그리고 고객을 지향하는 경영기법 등을 갖춰야 한다.

논란의 소지가 있고 분명 예외는 존재하지만, 고객인 주변 사람들이 자주 당하는 사례를 들어 우리 금융회사들은 어느 위치에 있는지 판단해보자. 최근 금융이 실물보다 약 3배에 달할 정도로 커져 있어서인지 정책당국이 특정 목표 달성을 위해 금리를 변경하는 일이 늘고 있다. 세계 중앙은행 격인 미국 중앙은행(Fed)이 코로나 사태를 맞아 무제한 통화공급을 추진한 이후 더 심해졌다.

만약 코로나 직후처럼 우리 경기가 어려워진다면 당연히 금융통화위원회에서는 경기를 부양하기 위해 유동성을 공급하고 기준금리를 내린다. 실제로 두 단계(한 단계는 0.25퍼센트포인트) 이상 한꺼번에 빅 스텝으로 내렸다. 이때 '경기부양'이라는 정책목표를 달성하려면 금융회사들이 예금금리보다 대출금리를 가능한 한 빨리 내려야 한다. 그래야 기업과 개인이 부담하는 금융비용이 줄어들면서 소비와 투자가 살아난다.

하지만 금융회사 입장에서는 대출금리를 내리면 수익이 감소하기 때문에 비용에 해당하는 예금금리를 내려야 수익이 늘어난다. 금융통화위원회가 경기부양을 위해 기준금리를 내리면 30분도 채 지나지 않아 예금금리를 내리는 대신 대출금리를 내리는 데 주저하는 것도 이 때문이다. 물론 경기부양 효과는 제한된다.

반대의 경우는 더 심하다. 금융통화위원회가 기준금리를 올리는 이유는 시중에 돈이 너무 많이 풀려 높아지는 인플레이션 압력을 줄이고 주식, 부동산 등 자산시장에 낀 거품을 제거하기 위해서다. 이런 목적을 달성하기 위해 기준금리를 인상하면 예금금리가 올라가야 하지만, 금융회사들은 마치 기다렸다는 듯이 대출금리부터 올려 기준금리를 내릴 때보다 금융소비자에게 더 전가한다. 이 경우도 인플레이션 안정과 자산거품 해소 효과도 제한된다.

금융회사 입장에서 예금금리를 올리면 수익이 감소하지만 기준금리 인상을 명목으로 대출금리를 올리면 그만큼 수익이 늘어나기 때문이다. 기준금리를 올리면 금융회사들이 30분이 아니라 20분도 안 돼 대출금리를 올린다는 말까지 나온다. 금융회사로부터 돈을 빌린 기업과 개인들은 불만을 가질 수밖에 없다. 공유 경제가 요구되는 코로나 사태처럼 어려울 때일수록 이런 상황은 더 심해져 배신감까지 들게 한다. 젊은 세대와 소상공인일수록 그렇다.

금융회사와 금융회사에 속한 사람들이 추천하는 금융상품을 얼마나 믿어야 하나 의문을 갖게 만드는 것도 이 때문이다. 분명

이들이 추천하는 금융상품을 액면 그대로 믿고 따를 수는 없다. 이들이 추천하는 금융상품에 가입하더라도 고객의 입장에서는 판단할 수 있는 '금융 지식(FQ: Financial Quotient)'을 갖고 있어야 한다. 특히 복잡한 파생금융 기법을 토대로 이를 권유하는 금융인 조차 제대로 모르는 금융상품인 경우에는 더더욱 그렇다.

재테크 수단별로 갈아타는 타이밍을 안다

개인들은 금융회사에 웬만한 자금을 갖고 가지 않으면 대접을 받지 못한다. 설령 맡겨놓더라도 특별히 수익이 높지 않아, 부자를 중심으로 금융 노마드 현상이 심해지고 있다. 대신 직접투자와 한국형 헤지펀드 등으로 투자 풍조가 다양해지는 추세다. 한국형 헤지펀드의 경우 허용 첫해인 2015년 말 순자산 규모가 3조 4천억 원에서 2018년 말에는 24조 원이 될 정도로 지금까지도 폭발적으로 신장하고 있다.

이 때문에 개인 투자자들은 '주식시장에서 어느 종목을 살 것인가', '부동산 시장에서 어느 지역에 투자할 것인가'를 고민하기보다 재테크 수단별로 적기에 갈아타는 것이 성공할 확률이 높다. 만약 1억 원의 여유자금을 갖고 있는 사람이 외환위기 이후 재테크 수단별로 적기에 갈아탔을 경우 돈을 얼마나 벌었을지 살펴보자.

1997년 외환위기가 발생했을 초기에는 시중금리가 23퍼센트 내외(가장 어려웠을 때는 31퍼센트)까지 급등했다. 당시에는 1억 원의 여유자금을 은행에 정기예금 하면 약 2천 3백만 원의 이자가 나왔다. 세금을 감안하더라도 손에 쥐는 수익률이 무려 20퍼센트에 가깝다. 이때는 다른 재테크 수단은 생각하지 않고 저축만 해도 재산이 늘어나 개인 입장에서는 저축이 미덕인 때다. 특별한 노후 준비도 필요 없다.

그래서 여유자금이 있다면 대부분은 은행의 정기예금부터 서둘러 넣을 생각부터 하게 된다. 하지만 이 방법은 가장 효과적인 재테크 수단이 아니다. 조금이라도 금융지식을 갖고 있는 사람이라면 정기예금보다 채권을 사두는 것이 보다 수익성 높은 재테크 수단이라는 사실을 쉽게 알 수 있다.

이론적으로 금리와 채권가격은 반비례 관계에 있다. 외환위기 당시처럼 금리가 높을 때는 그만큼 채권을 낮은 가격에 살 수 있다는 의미다. 발행 주체, 상환 기간, 이자 지급 방법 등에 따라 다르겠지만 시중금리가 31퍼센트일 때에는 액면가 10,000원인 3년 만기 할인채의 경우 4,000원 정도면 살 수 있다.

대부분의 예상과 달리 외환위기 초기에 극심한 경기침체와 미래에 대한 불확실성으로 자금 수요가 급감하면서 시중금리가 12퍼센트 내외까지 급락했다. 금리가 12퍼센트일 때에는 3년 만기 할인채 가격은 8,000원 정도로 계산된다. 이런 흐름을 잘 타서 금리가 31퍼센트일 때 채권을 사두었다가 12퍼센트가 될 때 팔았다면 6개월 만에 100퍼센트에 해당하는 수익을 얻게 된다. 초기 투자금액이 1억 원이라면 6개월 만에 2억 원이 되는 셈이다. 금리 흐름을 잘 타서 정기예금보다 훨씬 높은 수익을 달성하는 경우다.

채권투자 이야기가 나오니, 여의도에서 한우 고깃집을 경영하면서 재테크에 성공했던 유명한 탤런트 김 사장과의 인연이 생각난다. 외환위기 당시 가장 어려웠던 대우그룹의 생존 방안을 모색하기 위해 연일 고생하는 대우경제연구소 국제경제팀원(당시 필자는 국제경제팀장을 맡았다)과 함께 저녁을 먹기 위해 김 사장이 운영하던 고깃집을 찾았다. 당시 매스컴을 통해 알려진 탓인지 김 사장이 내게 "조용히 할 말이 있다"길래 고민을 들어보니, '여유자금이 있는데 어디에 투자하는 것이 좋겠냐'는 내용이었다.

별다른 생각 없이 시중금리가 20퍼센트가 넘는 상황임을 감안해 채권(한국산업은행이 발행한 산업금융채권으로 기억난다)을 사두는 편이 좋다고 했다. 곧바로 김 사장은 산업금융채권을 매입해 나중에 큰돈을 벌었고 재테크에 눈뜨는 좋은 계기가 되었다며 고마워했다. 덕분에 두 차례에 걸쳐 팀원 전체가 공짜로 고기를 얻어먹었고 지금도 만나면 반갑게 인사를 나눈다.

채권을 판 1998년 6월처럼 시중금리가 낮아졌다는 것은 그만큼 금융시장에 돈이 늘어났음을 의미한다. 부자일수록 돈을 못살게 굴어 이끼가 끼지 말도록 해야 한다는 격언이 있다. 돈은 자주 굴려야 한다는 의미다. 당시처럼 실물경기가 침체했을 때 시중에 나와 있는 많은 돈을 굴리려면 결국 주식이나 부동산과 같은 자산시장에 유입될 수밖에 없다. 특히 주식이 위험자산이라는 이유는, 위험이 클수록 큰돈을 벌 수 있기 때문이다. 침체의 골이 가장 깊은 저점이야말로 가장 위험이 커진다. 이때가 바로 주식을 사는 적기다.

이런 흐름을 잘 포착하여 채권을 판 2억 원의 돈으로 곧바로 주식으로 갈아탔다면 더 큰 돈을 벌 수 있었다. 1998년 6월 말 279 포인트였던 종합주가지수(현 코스피 지수)가 2000년 4월에는 1,100 포인트로 급등했다. 더욱이 1990년대 후반에는 종전의 경제이론으로 설명할 수 없는 신경제 호황을 가져다줬던 정보기술(IT)과 관련된 주식을 사두었을 경우 평생 다시 찾아오기 힘든 큰돈을 벌 기회가 생겼다. 실제로 이때 큰돈을 벌어 수백억 원대의 부자가 된 사람들도 있었다. 코로나 사태 때도 같은 현상이 반복되고 있다. 부자들이 재테크에 성공을 거둘 수 있었던 것은 재테크 수단별로 적기에 잘 갈아탔기 때문이다.

재테크 수단별로 적기에 갈아타기 위해서는 두 사안이 전제돼야 한다. 하나는 재테크 수단별로 성격과 특징을 잘 알아놓아야 한다. 기업을 운영하다가 자금 부족이라는 뜻하지 않은 상황을 맞았다고 가정해보자. 당연히 이 기업은 생존을 위해 밤낮을 가리지 않고 사방천지로 자금을 구하기 위해 뛰어다닐 것이다.

이 기업처럼 자금이 부족할 때 문제를 해결하는 데는 여러 방법이 있다. 가장 쉽게는 주거래 은행이나 아는 사람으로부터 사채를 빌리거나 아니면 자신이 운영하는 기업을 매개로 주식과 채권을 발행해 자금을 조달할 수 있다. 주식은 기업의 소유권을 투자자들에게 파는 것이나 마찬가지다. 때문에 그 기업이 발행한 주식에 투자한 사람은 주인이 되고 기업주가 조달한 자금은 빚이 아니라 자기자본에 해당한다. 즉 투자한 기업이 흥하면 많은 돈을 벌 수 있게 되고 반대로 망하면 같이 투자에 실패해서 원금마저 날릴 수 있다.

채권은 회사가 발행한 증서(회사채)를 매개로 자금을 조달하는 점에선 주식과 같다. 단지 차이가 있다면 자금이 부족한 기업이 이 증서를 통해 조달한 자금은 은행에서 빌린 돈과 동일하게 외부자금이라는 점이다. 이 때문에 채권에 투자한 사람들은 최소한 원금은 언제든지 돌려받을 수 있다. 주식이 위험자산인데 반해 채권은 안전자산이라고 하는 것도 이런 이유에서다.

재테크 수단별로 적기에 갈아타기 위한 또 다른 전제조건이 있다. 한 나라의 경제 리듬인 경기순환을 이해해야 한다. 생체 리듬에 비유되기도 하는 경기순환은 한 나라 경기가 좋을 때는 '회복기' 또는 '성장기'라 하고 나쁠 때는 '침체기' 또는 '불황기'로 구분한다. 또 침체에서 회복으로 넘어갈 때는 '저점(trough)', 성장에서 침체기로 넘어갈 때는 '정점(peak)'이라고 한다.

특히 한 나라의 경제정책이나 기업의 경영계획을 수립할 때에는 저점과 정점이 어디가 될지가 중요하듯이, 한 개인의 재테크에서도 경기 순환상에 저점과 정점을 남보다 빨리 얼마나 정확하게 포착하느냐가 돈을 많게 적게 버느냐를 결정한다. 부자들이 신경을 곤두세워 예의주시하는 대목이다.

이런 경기순환을 토대로 어떤 재테크 수단을 선택해야 할지 결정하려면 각국의 경기순환 국면에서 나타나는 투자자들의 성향이 어떻게 변하는지 알아볼 필요가 있다. 한 나라의 경기가 회복 국면에 들어갈 때는 낙관적인 심리가 확산되면서 위험에 대한 의식이 떨어진다. 기업에서 아주 어려운 때보다 잘나갈 때 더 위험하다는 것도 이 이유에서다. 기업이 잘나갈 때는 종업원들의 위기의식이 급속히 약화하기 때문이다.

투자 위험이 약화한다는 것은 주식과 같은 위험자산을 선호하는 경향이 높아진다는 의미다. 때문에 한 나라 경기가 회복국면에 들어간다면 주식과 주식형 펀드 등을 사두면 돈을 벌 기회가 늘어난다. 이때 높은 수익을 내려면 남보다 빨리 경기가 회복된다는 것을 포착해 주식을 사두면 가능하다. 경기를 주도하는 업종의 주식을 사면 더 높은 수익이 난다. 그렇다면 어떻게 경기를 예측할 수 있을까?

2부

큰 판을 읽는 부자들의 통찰력은 어떻게 만들어지는가?
주식·부동산·금리·환율·화폐를 글로벌 관점에서 보라

상위 1퍼센트
부를 이루는
통찰의 비밀

SECRET OF
SUPER RICH

첫 번째 통찰

글로벌 경기를
예측하는 눈

경기를 예측하는 차별화된 안목이 실력이다

돈이 되는 정보는 남과 공유된 것보다 차별화한 것에 따라 좌우된다. 흔히 경제신문, 대중적인 재테크 세미나에서 추천하거나 인터넷, 유튜브에서 얻은 정보를 믿고 주식과 부동산을 투자해 큰돈을 벌지 못하고 낭패 본 경험이 누구나 한 번쯤은 있을 것이다. 어떤 정보든 한번 경제신문이나 인터넷, 유튜브에 실리거나 재테크 세미나에서 발표되면 그 즉시 많은 사람이 정보를 공유해 질적으로 큰 차이가 나지 않기 때문이다.

바로 이 점 때문에 돈을 벌기 위해서는 경기 흐름을 포착할 수 있는 독특한 안목을 갖추고 있어야 한다. 필자가 대우경제연구소에서 근무할 때다. 당시 대우그룹 김우중 회장은 연말연시 계열사를 방문하면서 느닷없이 경기가 어떻게 될 것인가를 근로자들에게 자주 물었다.

김 회장의 질문에 당시 경기 전망에 대해 대답하는 근로자들은 두 부류로 나뉘었다. 한 부류는 평상시 경제에 관심(혹시 주식에 계속 투자하고 있어서일지도 모르지만)이 높은 근로자들은 마치 질문을 기다렸다는 듯 "한국은행을 비롯한 전망기관들이 성장률을 지난해 ○○퍼센트에서 올해는 ○○퍼센트로 전망한 것으로 보아 앞으로 경기가 이렇게 되리라 예상한다"라고 자신 있게 대답한다. 구체적인 수치를 들어보면 한국은행이 1996년에 8퍼센트에서 1997년에는 0퍼센트로 전망한 것으로 보면, 1997년에는 극심한 경기 침체가 예상된다고 답한다.

반면 평상시 경제에 대한 관심을 갖거나 주식에 투자하기보다 일만 충실히 한 근로자들은 이 질문을 받자마자 당혹한 기색이 역력했다. 의기소침해 한동안 곰곰이 생각하다가 경험을 토대로 답한다. 경기가 좋고 나쁠 때 자신이 맡은 업무의 고객 성향 등을 데이터베이스(DB)로 구축해놓을 만큼 체계적이고 열정적으로 일해온 근로자들은, 현재 업무와 고객들이 보이는 성향을 비교해보면 과거 경기가 나빠질 당시의 현상과 비슷하니 앞으로 경기가 나빠지리라고 답한다.

김우중 회장과 같은 대기업 총수가 자신이 경영하는 그룹에 속한 근로자들에게 경기에 대해 질문하는 이유는 어떤 대답을 원해서였을까? 근로자들의 경제 지식을 알아보기 위해서나 곤경에 빠뜨리기 위해 그런 질문을 한 것은 아니라는 건 분명하다. 기업을 경영하는 사람이라면 대부분 후자의 근로자처럼 자기 일을 얼마나 열정적으로 하는지 알아보기 위해 그렇게 질문했으리라 생각된다. 재테크에 필요한 경기를 보는 안목도 마찬가지다. 남과 구별되게 경기를 파악하는 후자의 정보가 더 유용하다.

정보를 공유하면 돈이 될 확률이 적은 재테크 시장에서는 한국은행이 발표한 전망치를 토대로 경기를 보면 외형상으로는 그럴듯해 보이고 그것을 토대로 대답해야 유식해 보일지 모른다. 하지만 한국은행의 전망치는 발표되자마자 매스컴을 통해 모든 사람들이 알게 된다. 따라서 이미 공유된 이 정보를 이용해 재테크를 한다면 평균 수준 이상의 큰돈을 벌 확률은 줄어들게 된다.

재테크에 필요한 경제 안목은 경제학자들이 보는 전문 지식과 계량기법을 요구하는 것이 아니다. 누구나 자신의 일을 경기와 연관시켜 애착을 갖고 하다 보면 자연스럽게 얻어진다. 김우중 회장의 경우 후자처럼 대답한 근로자를 특별승진까지 시키면서 격려했다. 유명한 일화다. 요즘 같은 슈퍼 자본주의 시대에서는 직장에서 성공하는 것이 부자가 되는 길인 동시에 재테크를 잘할 수 있는 지름길이기도 하다.

경기를 보는 안목은 재테크에서 기본이다. 특히 어릴 때부터 경제 지식을 갖추는 것은 매우 중요하다. 금융위기 이후 금융이 실물을 반영하는 정도가 아니라 주도하고 있다. 코로나 사태를 거치면서 각국 중앙은행이 울트라 금융완화 정책을 추진하며 더 심해졌다. 이론적으로 금융이 실물경제를 원활하게 돌아가기 위한 일종의 동맥(artery) 역할을 한다는 차원에서 보면, 두 부문의 크기가 같을 때가 이상적이다.

하지만 모건스탠리, 골드만삭스 등과 같은 세계적인 투자은행(IB)에 따르면 이제는 금융부문이 실물부문보다 약 3배에 달할 정도로 커진 것으로 나타났다. 자산운용 방식이 빠르게 변하면서 투자를 선호하는 계층도 젊은 층에서 나이가 많은 고령자에 이르기까지 전 계층으로 확산되는 추세다. 이를 감안하면 금융부문의 신장세는 앞으로 더 빨라지리라 예상된다. 금융지식이 필요한 또 다른 이유이기도 하다.

경기 예측은 어떻게 할까

돈을 벌려면 모든 재테크 변수의 기본이 되는 경기부터 정확히 예측해야 한다. 문제는 갈수록 경기 예측이 쉽지 않다는 점이다. 경기 예측 때 감안해야 할 변수가 그만큼 늘고 있기 때문이다. 종전에는 산업생산과 매출이 증가하면 시차를 두고 고용이 증가했다. 생산과 소비 그리고 고용지표가 일관성을 띠었기 때문에 경기 판단과 예측이 비교적 용이했다. '국민소득 3면 등가 법칙(생산=지출=소비)'도 잘 들어맞았다.

그러나 최근에는 산업생산과 매출이 증가하고 있으나 좀처럼 고용이 늘지 않고 있다. 오히려 경기순환상 회복국면에 진입하더라도 일자리가 줄어드는, 이른바 '고용 없는 경기회복(jobless recovery)'이 1990년대 후반 이후 20년 넘게 지속되고 있다. 이런 상황에서는 생산과 소비를 중시하면 경기가 회복국면에 진입했다고 볼 수 있겠지만, 고용을 감안하면 침체가 지속되고 있다고 판단한다.

왜 이런 현상이 발생하며 이를 어떻게 봐야 할까? 여러 이유가 있겠지만 크게 두 요인에 기인한다. 무엇보다 생산성이 급격히 증가했기 때문이다. 대표적으로 미국의 생산성은 1970년대 이후 1995년까지 연간 0.7퍼센트 증가에 그쳤으나 그 뒤 금융위기가 발생하기 이전까지 2퍼센트대, 금융위기 이후에는 3퍼센트대, 코로나 사태 이후에는 5퍼센트대로 위기를 거치면서 한 단계씩 높아졌다.

같은 맥락에서, 생산을 거듭할수록 생산성이 증가하는 수확 체증의 법칙이 적용되는 정보기술(IT)이 성장을 주도하는 현상도 주요 원인이다. IT가 주도하는 경제에서는 같은 성장률을 달성하는 데 종전처럼 많은 인원이 필요하지 않기 때문이다. 이밖에 각국의 중앙은행의 정책목표가 물가안정보다 경기부양 쪽으로 선회하고 있는 것도 한몫하고 있다.

결국 급격한 생산성 증가와 각국 중앙은행의 경기부양 정책기조로, 1990년대 후반 이후 산업생산과 매출이 호조를 보이더라도 고용이 뒤따르지 않는다. 이 점이 미국 경기를 공식적으로 판단하는 전미경제연구소(NBER)가 경기가 회복세를 보일 때 판단을 유보하는 이유이다. 우리나라뿐만 아니라 전 세계적으로 경기를 보는 시각이 크게 엇갈리는 근본 원인이기도 하다.

더욱이 코로나 사태 이후 전문직은 노동수급상 '병목(bottle neck)'과 저소득층은 지원금 지급에 따른 '코브라 효과(cobra effect)'까지 겹치면서 고용이 뒤따르지 않는 경기회복이 더 심해지고 있다. 반면 유가와 임금 등과 같은 공급 측 인플레 요인으로 물가마저 오르면서 각국 국민이 일상생활에서 느끼는 경제고통지수가 크게 높아지는 추세다. 1980년대 초반에 이어 스테그플레이션 우려가 다시 나올 정도다.

경제고통지수란 경제지표 중 국민 생활에 가장 밀접한 실업률과 소비자물가상승률을 더한 것으로, 미국에서 각종 선거를 앞두고 대통령과 집권당이 얼마나 국민 편에서 경제정책을 잘 운영했는가를 평가하는 지표로 활용된다. 최근에는 실업률과 소비자물가상승률을 더한 수치에 성장률을 차감한 신경제고통지수를 산출해 활용하기도 한다. 코로나 사태 이후처럼 중하위 계층들의 상흔 효과까지 더해져 체감경기가 더 어려워질 때는 신경제고통지수가 더 유용한 것으로 평가된다.

당연히 이런 상황에서는 정책당국에 대해 국민들의 불신이 커지게 마련이다. 종전처럼 정책당국이 생산과 매출 증가를 중시하면 경기를 낙관하게 되고 정책도 소극적으로 대응하게 된다. 하지만 국민들이 느끼는 경제적 고통은 더 늘어나 경기를 낙관하는 정책당국에 대해 실망하고 적극적인 정책대응을 요구하게 된다. 우리도 비슷한 상황이다.

분명한 것은 이제는 종전의 잣대로 경기를 판단하기가 어려워졌다는 점이다. 이런 차원에서 국제통화기금(IMF)이 새로운 경기 판단지표로 제시한 기업취약지수(CVI: corporative vulnerability index, 레버리지 비율과 기업가치 변동성, 무위험 이자율, 배당률 등의 재무지표를 이용해 산출)에 주목할 필요가 있다. 특히 증권사에 속한 사람이나 주식투자를 하는 사람들은 이 지수를 잘 알아두어야 한다.

CVI는 종전의 경기판단 방법이 경제 상황 등 펀더멘털 요인에 따라 달라질 수 있음을 감안해 만든 지표다. 대표적으로 종전에는 레버리지 비율이 높으면 경기침체 가능성이 높다고 봤으나, 최근처럼 저금리 기조가 이어지고 차입조건이 개선되는 상황에서는 기업파산과 경기침체 확률이 낮아지는 것을 설명할 수 있다.

IMF가 CVI와 미국 경기와의 실증 관계를 연구한 자료를 보면 CVI는 경기침체 가능성을 4~6분기 정도 앞서 예측할 수 있다. 또 이 지수가 높을수록 침체의 골이 깊어지면서 그 기간도 길어지는 것으로 나타났다. 과거의 경험을 감안해볼 때 CVI로 예측한 경기침체 가능성이 50퍼센트 밑으로 떨어질 경우 침체국면이 마무리된다. 이때 주식을 사면 대박, 즉 커다란 수익을 낼 수 있었다.

주가 예측은 어떻게 할까

재테크 변수 가운데 예측하기가 가장 어렵지만 가장 쉽게 수정해 예측치를 내놓은 것이 주가다. 주가는 하루 간격으로, 더 심하게 말하면 장중에도 오르내림을 반복하기 때문이다. 증권사와 전문가가 내놓은 주가 예측이 자주 틀리고 신뢰가 땅에 추락함에 따라 주가 예측법도 많이 달라졌다.

국내 증권사가 1990년대까지 주가를 예측하는 방법의 하나로 가장 많이 활용했던 지표가 엔·달러 환율 움직임이다. 그때까지 일본 경제에 대한 의존도가 높았기 때문이다. 최근에도 엔·달러 환율 움직임이 주가에 여전히 3개월 정도 선행하는 것으로 나타나고 있으나 갈수록 그 정도가 약화하고 있어, 지금은 거의 활용하지 않는다.

비록 장기이긴 하지만 국제유가가 주가의 9~10개월 정도 선행하고 그 정도가 여전히 높게 나오는 것은 의외다. 우리 경제구조가 여전히 원유에 의존하는 구조를 크게 벗어나지 못하고 있기 때문이다. 주목해야 할 것은 문재인 정부 들어 유가 선행성이 더 높아진 점이다. '탈원전'과 '태양광' 에너지 정책을 출범 초부터 표방해왔지만 원유 의존도가 좀처럼 줄어들지 않고 있음을 뒷받침해주는 대목이다.

주가에 빨리 반영하는 지표는 경제협력개발기구(OECD) 등에서 발표한 각종 경기선행지수다. 이 지수가 발표된 직후 3개월 이내에 주가에 반영된다. 같은 맥락에서 반도체지수의 주가 선행 정도도 높게 나온다. 반도체 D램값과 필라델피아 반도체지수를 이용해 선행성을 구해보면, 반도체지수는 주가에 3~5개월 정도 선행하는 것으로 나타났다. 주목할 것은 2006년 이후 선행 정도가 더 높아지지 않고 있는 점이다. 실제로 우리 산업에서 반도체가 차지하는 비중도 그때부터 정체국면을 맞고 있다.

같은 지표라도 국내 지표보다 미국 지표가 국내 주가를 선행하는 정도가 높은 것도 있다. 대표적으로 미국 국채와 회사채 간 금리 스프레드, 재고를 출하로 나눈 재고출하비율 등을 들 수 있다. 특히 미국 국채와 회사채 간 금리 스프레드는 미국 기업들의 실적과 투자자들의 신뢰를 반영한다. 코로나 사태 이후처럼 미국 국채와 회사채 간 금리 스프레드가 좁아지는 현상은, 미국 기업의 실적이 개선되고 투자자의 신뢰가 높아지고 있음을 시사한다.

다소 전문적이긴 하지만 이론적으로 특정 지표가 경기와 주가를 얼마나 선행하는가를 알아보는 방법에는, 간단하게 교차상관계수를 구해보거나 마코브-스위치 모델, 카오스 이론, 인공신경망 등이 활용된다. 특히 마코브-스위치 모델은 주식을 살고 파는 데 가장 중요한 국면전환을 파악하는 데 유용한 것으로 알려져 있다. 직접 추정은 하지 않지만 부자들이 주식을 사고팔 때 가장 많이 참고하는 지표다.

한 나라의 경기순환에 있어 장기선행지수와 단기선행지수, 동행지수는 차례로 움직인다. 장기선행지수는 경기침체를 가장 먼저 경고하고, 다음으로 단기선행지수는 이 신호를 재확인해주며, 마지막으로 동행지수가 내려간다. 경기 회복기에도 같은 순서대로 움직인다. 평균적으로 볼 때 장기선행지수는 1년 전에, 단기선행지수는 6개월 전에 경기변동을 예고한다. 최근 들어 주가가 경기에 3~6개월 정도 앞서가는 점을 감안하면 장기선행지수와 단기선행지수는 빠르면 각각 9개월, 3개월 이전부터 주가 흐름을 예고한다고 볼 수 있다.

증시는 고도의 복합시스템이다. 그런데도 주가 예측론자들은 이미 지나간 자료를 토대로 예측 모델을 개발하려는 경향이 있다. 이런 모델은 현실을 지나치게 단순화시켜 주가 변동을 유발하는 복합변수들을 제대로 규명하지 못한다. 국내 증권회사들의 주가 예측을 되돌아보면 이런 모델들의 비효율성이 드러난다. 정작 예측이 필요할 때에는 제대로 작동하지 않는다. 더욱이 주가의 방향이 바뀌고 있거나 게임의 규칙이 변한 뒤에야 비로소 터닝 포인트를 알린다고 유난스러운 경우가 많다.

증시의 복잡성은 대부분 국내 증권사들이 의존하는 것처럼 불과 몇 개의 선행지표로 포착할 수 없다. 현재 미국의 경기사이클 조사연구소(ECRI)가 개발한 예측 모델이 이 분야에서 세계를 평정할 수 있을 정도로 성공할 수 있었던 까닭은, 바로 '경제 사이클 큐브'라는 다차원적인 모델 덕분이다. 경제 사이클 모델을 보면 현실에서 발생하는 사건들을 다양한 지표를 통해 바라보며, 경제 내에서 형성되는 방향성 변화를 놓치지 않는다. 경제 복잡성에서 유발하는 뉘앙스나 추세 변화를 포착하려면 이 방법만이 최선이자 유일한 대안이기 때문이다.

경제의 얼굴인 증시는 더욱 그렇다. 그런 만큼 국내 증권사들은 앞으로 주가를 예측할 때 '증시 사이클 큐브'(security cycle cube)라는 다차원적인 모델을 개발해야 한다. 증시 사이클 큐브는 증시라는 복잡한 시스템 속에 발생하는 현상을 설명하는 독특한 모델을 뜻한다. 이 분야에 가장 앞서가는 ECRI의 '경제 사이클 큐브'를 소개하면 크게 경제성장과 고용, 인플레로 삼차원을 구성한다. 경제성장은 다시 무역과 국내 경제활동으로, 이중 국내 경제활동은 부문별 장단기 선행지수로 구분된다. 이 모델을 통해 100개 이상의 선행지수를 통합함으로써 보다 정확하고 고객으로부터 신뢰를 받는 예측을 추론해낸다.

개인 투자자들에게 이런 복잡한 증시 계기판은 필요 없을지 모른다. 하지만 증권회사들의 경우는 다르다. 소형 자동차보다 대형 자동차가 훨씬 복잡한 시스템을 갖추고 있듯이 증권회사들은 증시 사이클 큐브와 같은 다차원적인 주가 예측 모델을 갖추고 있을 때 비로소 경쟁에서 우위를 점할 수 있다.

증권사들의 주가 예측을 볼 때 주의해야 할 점

매년 연말이 되면 연례행사처럼 증권사별로 이듬해 주가 전망치를 발표한다. 주가 예측의 가장 큰 목적인 시장의 안정과 투자자들의 안내판 역할을 얼마나 할 수 있는지는 나중에 평가될 일이지만, 한국 증권사들의 주가 예측에 대해서는 국제금융시장뿐만 아니라 대한민국 상위 1퍼센트에 속하는 부자들조차도 보는 눈이 곱지 않다.

가장 많이 비판하는 지점은 한국 증권사의 주가 예측이 시장 흐름에 너무 민감하다는 것이다. 다른 금융변수와 마찬가지로 주가도 선제적으로 예측해야 본래 목적인 시장안정과 투자자들의 안내판 역할을 제대로 수행할 수 있다. 한국 증권사처럼 시장흐름을 쫓아 대증적 또는 사후적으로 예측할 경우 오히려 시장과 투자자들에게 혼란을 초래할 수 있다는 비판이다.

같은 맥락이지만 주가 예측을 그렇게 쉽게, 자주 수정할 수 있을까. 코로나 사태를 맞아 2020년 3월 일부 한국 증권사들이 코스피 지수가 1,000 밑으로 급락하리라고 예상했다. 하지만 그때부터 주가가 큰 폭으로 오르자 잉크도 채 마르기 전에 2,000선 이상으로 급등할 것이라고 수정 전망한다면, 과연 어떻게 받아들여야 할까. 코로나 이후 코스피 지수가 3,000선을 넘는 등 한국 증시는 역사상 가보지 않은 길을 걷고 있다.

실물경제 지표와 다른 금융변수와 달리 주가 예측이 아무리 전문가들의 감(感)('정성적 예측'이라고 한다)을 중시하더라도, 시장이 조금 변할 때마다 수정 전망치를, 그것도 추세마저 바꾼다면? 한국 증권사들이 내부적으로 주가를 예측하는 기법이나 모델이 없음을 스스로 시인하는 셈이다. 한국 증권사 가운데 자체적으로 주가 예측모델을 개발해놓은 증권사가 몇이나 되는가? 외국인들이 자주 묻는 질문 중 하나다.

경제성장률과 같은 실물통계도 아닌데 구체적인 수치를 들어 주가를 예측하는 것도 놀라워한다. 다른 변수와 달리 주가는 심리요인에 따라 크게 좌우되기 때문에 수치를 들어 예측할 수 없고, 설령 맞았다 하더라도 큰 의미를 부여할 수 없다는 것이 외국인들의 시각이다. 우리 내부에서도 같은 지적이 많다. 주가 수준 전망보다 투자전략에 실질적으로 도움이 될 수 있도록 추세전환 예측 중심으로 전환돼야 한다고 권고한다.

군집성 주가 예측 관행도 한국 증시에서 하루빨리 개선돼야 할 고질적인 악습이라 보고 있다. 군집성 주가 예측이란 직전 연도에 주가 예측을 잘한 사람의 시각으로 다음 연도에 주가 예측이 쏠리는 현상으로, 특히 한국 증시에서 두드러지게 나타나고 있다. 이 때문에 맞으면 모두 맞고 틀리면 모두 틀리는 진풍경이 벌어진다. 이런 예측 관행은 예측자가 자신감이 없거나 후에 책임을 면하기 위해 자주 사용한다.

주가 예측에서만 국한된 관행이 아니다. 한국에서 경제성장률을 전망하는 기관은 40개가 넘지만 대부분 한국은행이 제시한 전망치 상하 0.5퍼센트 범위에 몰려 있다. 극단적으로 한국에서 성장률을 예측하는 기관은 한국은행밖에 없다고 국제금융시장에서 자주 지적을 받아왔던 것도 이런 이유에서다.

이 밖에 주가 예측에 대한 결과 중시형 평가도 한국 증시발전의 저해요인으로 꼽힌다. 투자자들의 이익을 목표로 하는 증권사의 속성상 이런 평가는 이해되지만, 코로나 직후처럼 주가가 상승할 때 낙관론자만 일방적으로 평가받고 비관론자들은 시장에서 퇴출당하는 풍토를 이해할 수 없다는 눈치다.

모든 전망에 대한 평가는 결과와 함께 과정도 중시돼야 한다. 낙관론자들이 왜 주가를 밝게 보는지와 비관론자들이 왜 주가를 어둡게 보는지, 그 요인을 같은 선상에서 바라봐야 한다. 그래야 낙관적 시각은 주식 수요로, 비관적 시각은 주식 공급으로 작용해 한국 증시의 고질병인 쏠림 현상과 심한 변동성이 줄어들면서 균형을 찾을 수 있다. 주식이 '투자'가 아니라 '투기'라는 잘못된 인식에서 이제는 벗어나야 하지 않을까?

한국 증시 발전을 위해 주가 예측은 반드시 필요하다. 중요한 것은 시장안정과 투자자들에게 안내판 역할을 얼마나 잘 수행할 수 있느냐 하는 점이다. 이를 위해 앞으로 주가 예측은 '사후'보다 '선제'로, '수치 전망'보다 '추세전환 예측'으로, '인기영합적 군집형 예측'보다 '소신이 있는 다원적인 예측'으로, '결과'보다 '과정'을 동일하게 평가하는 방향으로 전환해야 한다.

금리 예측은 어떻게 할까

한 나라의 금리를 예측하기 위해서는 여러 방법이 있으나, 주요 투자은행들이 그동안 세계 각국의 통화정책이 적절했는가를 평가하는 '테일러 준칙(Taylor's rule)'이 유명하다. 테일러 준칙은 적정금리를 측정하는 방법의 하나로 알려져 있으나 엄격히 따진다면 사전에 적정금리를 추정하는 방법이기보다 사후적인 검증지표다. 이 준칙은 성장과 물가가 목표에서 차이가 나면 중앙은행이 정책금리를 어떻게 조정해왔는지, 그것이 과연 적절했는지 검증하기 위한 수단으로 활용해왔다.

산출방식을 보면 이러한 목적이 그대로 드러난다. 테일러 준칙은 평가 기간 중 인플레이션율에서 목표 인플레이션율을 뺀 수치에 정책 반응 계수(중앙은행의 정책 의지를 나타내는 계량수치를 말한다)를 곱한다. 같은 방식으로 경제성장률에 잠재성장률을 뺀 값에 정책

반응 계수를 곱한 뒤 이를 모두 더해 구한다. 어빙 피셔 공식에 따라 소비자물가상승률에 경제성장률을 더한 것과 비교해 현 금리 수준의 적정성을 따지고 앞으로 금리변경 방향을 예상할 수 있다.

금리는 경제 실상을 반영하는 얼굴이기 때문에 경제여건을 반영하는 적정수준보다 현재 금리가 낮으면 올라가리라고 예상하면 된다. 반대로 현재 금리가 적정수준에 비해 높으면 금리가 내려간다고 보면 된다. 이를테면 2021년처럼 기준금리가 0.75퍼센트인 상황에서 성장률이 4퍼센트, 소비자물가상승률이 2퍼센트로 예상되면, 코로나 사태로 상흔 효과가 많은 젊은 세대와 소상공인들이 금리를 내려달라고 아우성치더라도 한국은행은 금리를 올릴 수밖에 없다. 경제성장률과 소비자물가상승률을 더한 적정 금리 수준이 6퍼센트이기 때문이다.

앞으로 금리 예측과 관련해서는 '기준금리 사전예고제'를 주목할 필요가 있다. 이 제도는 매 분기 경제전망이 발표될 때마다 3분기 후의 기준금리 수준과 필요할 경우 2~3년 동안 기준금리 결정 방향까지 내놓는 방침이다. 이 제도가 처음 나왔을 때 제안자인 벤 버냉키 전 미국 중앙은행(Fed) 의장의 이름을 따 '버냉키의 만용'이라는 비판을 받았으나, 자세히 뜯어보면 의미심장하고 많은 내용이 함축돼 있어 Fed를 비롯한 각국 중앙은행이 속속 받아들이거나 보조수단으로 활용하고 있다.

기준금리를 결정할 때 시장과의 소통을 중시하겠다는 숨은 의도가 내포돼 있다는 점에서 다른 제도와 구별된다.《맨큐 경제학》의 저자로 잘 알려진 미국 하버드 대학의 그레고리 맨큐 교수는 Fed를 비롯한 각국 중앙은행이 통화정책의 효과를 제고하려면 시장과의 지속적인 소통이 중요하다고 강조했다. 이 제도는 이런 요구를 전격 수용한 제도로 이해된다. 시장과의 소통이 부족한 신흥국 중앙은행도 필요한 제도다.

비슷한 맥락에서 기준금리 결정에 따른 정책 불확실성을 줄이려는 의도도 강하게 보인다. 금융위기 이후 초저금리 국면이 장기간 지속되는 과정에서 부채가 과다해진 통화정책 여건에서는 기준금리만큼 국민경제에 광범위하게 영향을 미치는 정책변수는 없다. 짧게는 3분기 후, 길게는 2~3년 후의 기준금리 방향과 수준을 알 수 있다면 경제주체들은 보다 안정적으로 활동을 보장받을 수 있게 된다.

앞으로 '기준금리 사전예고제'가 본격 시행되면 각국 경제가 더 견실해지리라 기대된다. 현재 각국 중앙은행의 정책 여지는 크게 제한돼 있다. 기준금리는 더는 내릴 수 없고, 유동성 조절정책도 잠복된 인플레이션 우려로 추가적인 양적완화 추진이 쉽지 않기 때문이다. Fed와 한국은행이 가장 심하다.

이런 상황에서 기준금리 사전예고제가 실시되면 금융과 실물 간 연계성이 강화돼 금융권에서만 맴도는 돈이 실물로 흘러 들어갈 수 있다. Fed를 비롯한 각국 중앙은행이 가장 고민해왔던 아킬레스건이 풀리는 셈이다. 특히 금융위기 이후 심리적인 요인과 네트워킹 효과가 큰 시대에서는 이 효과가 의외로 크게 나타날 수 있다.

그런 만큼 학계에서 보이는 관심도 높다. 금융위기 이후 통화정책 시차가 얼마나 짧아졌는가에 대한 논쟁이 지속돼왔다. 앞으로 3분기 후의 기준금리 수준을 예고한다는 것은 케인즈언의 통화정책 전달경로(transmission mechanism, 통화량 조절→금리 변경→총수요 영향→성장률 결정)상의 시차가 약 9개월 정도임을 각국 중앙은행이 간접적으로 인정하는 쪽으로 시장에 비춰질 수 있기 때문이다.

비판이 없지는 않다. 물가안정에 최우선순위를 둬야 할 각국 중앙은행이 사전에 예고한 말과 약속을 지키다 보면 오히려 이것이 부담이 돼 물가가 불안해지는 자충수가 될 수 있다고 반박한다. 점점 더 중앙은행이 통제할 수 없는 행태변수(behavior variables)가 관리 가능한 통제변수(control variables)보다 훨씬 늘어나는 인플레이션 관리 여건에서는 충분히 일리 있는 지적이다.

하지만 물가는 해가 지날수록 하향 안정되는 추세다. 세계화·디지털화 진전에 따른 최종상품의 가격파괴 현상으로 '아마존 효과'가 나타나고 있기 때문이다. 밀턴 프리드먼과 같은 전통적인 통화론자(현대 통화론자와 구별하기 위해 이렇게 붙였다)의 주장대로 물가안정만을 고집하는 '천사와의 키스'를 할 경우 중앙은행은 힘을 잃는다. 오히려 고용창출과 같은 다른 목표를 추구하는 '악마와의 키스'가 중앙은행의 존재 이유를 살리면서 'K자'형 양극화 구조가 심화되는 여건에서는 가야 할 방향이기도 하다. 아직도 설립목표 변경에 주저하고 있는 한국은행이 새겨봐야 할 대목이다.

경기순환 면에서는 과열일 때 정점을 더 끌어올리고 침체일 때 저점을 더 끌어내리는 경기 순응성을 줄이는 효과, 즉 '자동조절 기능(stabilizer)'도 기대된다. 경기 진폭이 줄어들면 코로나 사태 이후 주가 등 금융변수 변동성이 예측하지 못할 정도로 커지는 '팻테일 리스크'도 줄일 수 있다. 사전금리 예고제는 코스피 지수를 10퍼센트 이상 끌어올릴 수 있는 대형 호재다.

부동산 예측은 어떻게 할까

부동산 시장의 앞날을 예측하는 방안으로 인구통계학적 분석기법이 가장 많이 알려져 있다. 이 이론은 한 나라의 계층별 인구구성에서 자가(自家)소유 의욕과 안정된 노후 생활을 위해 부동산을 본격적으로 매입하는 자산계층(좁게는 40~50세, 넓게는 35~55세)이 얼마나 두꺼우냐에 따라 부동산 가격이 결정된다는 것이 골자다.

한 나라의 인구구성에서 자산계층이 두꺼우면 부동산 가격은 높게 형성되고, 실수요 성격이 강하기 때문에 설령 금리 인상과 같은 부동산 시장에 비우호적인 요인이 발생하더라도 부동산 가격은 크게 떨어지지 않는다. 중장기적으로도 현 자산계층이 은퇴하고 이후의 자산계층이 어떤 형태로 채워주느냐에 따라 부동산 가격의 미래가 결정된다고 보고 있다. 은퇴하는 자산계층보다 이후의 자산계층이 더 두껍게 채워지면 부동산 가격의 상승국면은 지속된다고 보는 것이 이 이론에 근거한 부동산 가격 전망이다.

현재 자산시장의 예측에 관한 한 가장 정확하다고 평가받는 미국의 해리 덴트와 와튼 스쿨의 제레미 시겔 교수는, 2차 대전 이후 1960년대 초반 사이에 태어난 베이비붐 세대가 은퇴할 경우 미국 부동산 시장이 장기침체에 빠질지 모른다고 내다봤다. 특히 해리 덴트는 베이비붐 세대가 본격적으로 은퇴하는 2010년 이후 미국 경제와 부동산 시장이 극심한 침체국면에 빠질 것으로 오래전에 내다봤다. 앞으로 베이비붐 세대의 은퇴는 증가하겠지만 은퇴 이후 비용을 충당한 재원이 충분하지 않다는 것을 문제 삼았다. 이 상황에서 은퇴자들은 보유 부동산을 처분하고 이 과정에서 부동산 가격이 떨어진다고 봤다.

미국처럼 은퇴 이후 삶의 수단으로 주식보유 비율이 적은 우리로서는 인구통계학적인 분석기법은 최소한 자가 소유(특히 아파트) 시장을 예측하는 데 유용한 것으로 평가돼왔다. 1960년대 이후 우리나라는 세대가 갈수록 자산계층이 더 두텁게 형성됨에 따라 아파트 가격이 한 단계씩 뛰었다. 지금은 우리 인구 역사상 베이비붐 시대인 1955년에서 1965년까지 태어난 사람들이 자산계층을 형성하고 있다. 최근 몇 년 동안 강남 지역을 중심으로 아파트 가격이 급등했던 것도 이런 이유 때문이다.

문제는 앞으로는 어떻게 될 것인가 하는 점이다. 현재 우리나라는 세계 어느 나라보다 출산율이 낮고 고령화 속도가 빠르다.

현재 자산계층이 은퇴하면 이후의 자산계층은 급격히 엷어질 확률이 높다. 현 자산계층의 은퇴가 마무리되는 2025년 이후에는 우리나라 아파트 경기가 장기간 침체국면에 접어들 것이라는 예상이 나오는 것도 이런 이유에서다. 강남 지역을 중심으로 아파트를 사두기만 하면 시기가 문제이지 돈을 벌 수 있다는 '아파트 불패 신화'는 점점 임계점에 다가간다고 볼 수밖에 없다.

반면 수도권 내부에서는 선진국과 마찬가지로 슬럼화 현상이 경제정책 현안으로 대두될 가능성이 높다. 서울에서 슬럼화가 진행된다면 강남보다 비강남권, 아파트 평형으로는 소형보다 중대형일수록 빨리 진행될 것으로 예상된다. 그런 만큼 평생 번 돈에 더해 빚을 내서 자가 소유(그중에서 아파트 한 채)에 맹목적으로 전부 투자(all in)하는 우(愚)는 경계해야 한다. 인생의 행복이란 가치판단에 따라 달라지니 일률적으로 말할 수는 없지만, 자기 주택 소유 외 많은 요인에 따라 결정된다. 미국 등 선진국의 경우 인생에 행복을 주는 자가 투자 규모는 자기 연봉의 약 4~5배 이내라는 점을 한번은 되새겨볼 필요가 있다.

환율 예측은 어떻게 할까

한 나라의 경제발전 단계와 재테크 수단을 연관시키다 보면, 경제발전단계 초기에는 주식이 부각되다가 금융상품, 부동산, 채권 순으로 높은 수익률을 얻는 것이 정형화된 사실이다. 물론 나라마다 다소의 차이가 있을 수는 있다. 문제는 경제발전 단계가 어느 수준에 도달하고 경제 시스템이 갖춰지다 보면 이런 재테크 수단 간 평균 수익률이 비슷해진다는 점이다. 특정국이 이 단계에 도달하면 자금이 경제 전반에 골고루 분산돼 균형된 경제발전이 가능해진다. 이럴 때 높은 수익을 기대할 수 있는 재테크 수단이 바로 '환테크'다.

환율은 세계 모든 국가 통화와의 상대가치로 다른 나라와 연관돼 있어, 한 나라의 경제시스템이 안정돼 있더라도 늘 변하기 때문이다. "환테크가 고급 재테크 또는 선진 재테크다"라고 하는 까닭도 이런 연유에서다. 대부분 우리보다 앞서가는 나라에서 높은 수익률과 인기를 함께 얻는 재테크 수단으로 환테크를 이용한다는 점이 이 같은 사실을 뒷받침한다.

우리나라도 환테크의 중요성이 날로 커지고 있다. 하루 환율 변동 폭이 해가 지날수록 확대되고 있기 때문이다. 제도적으로도 이미 개인들이 해외주식과 부동산 그리고 각종 글로벌 투자상품에 가입할 때 모든 규제가 철폐되어, 원칙적으로 자유로운 가운데 실제로 주식과 부동산을 중심으로 해외투자도 많이 이뤄지고 있다. 그만큼 환율 움직임도 이제는 재테크에서 필수 지식이 됐다.

이론적으로 환율이란 '그 나라의 경제 실상을 반영하는 얼굴'이라고 한다. 그런 만큼 실로 많은 변수가 환율 결정에 영향을 미친다. 대체로 우리 경제 입장에서 다른 나라에 비해 유리한 요인이 발생하면 원·달러 환율이 하락(원화 가치 상승)하고, 그 반대 상황이 발생하면 상승(원화 가치는 하락)한다. 환율은 상대가격 비율이기 때문이다.

환테크를 잘하려면 환율결정요인을 잘 따져서 환율 예측 능력을 키우는 것이 관건이다. 개인이 환율 예측을 잘하기란 매우 어렵다. 환율 변동에 따른 환위험을 잘 관리해야 하는 것도 이 때문이다. 불행히도 우리나라는 개인 차원에서 환위험 관리가 일천해 기업을 중심으로 설명한다. 물론 개인에게도 그대로 적용된다.

환위험이란 환율 변동으로 인해 기업의 경제 가치도 변동할 수 있는 확률을 말한다. 이런 환위험을 인식해 기업들이 다양한 관리기법으로 환차손을 최소화하거나 환차익을 극대화하는 노력이 환위험 관리다. 문제는 인식 범위와 관리기법에 따라 환위험의 결과가 크게 달라진다는 점이다. 기업들이 환위험 관리에 목적을 명확히 설정한 뒤 체계적으로 환위험을 관리해야 하는 것도 이 때문이다.

기업들이 환위험을 관리하려면 합리적이고 체계적인 관리 과정이 필요하다. 가장 먼저 기업들이 인식해야 할 환위험 범위를 정해야 한다. 환위험 범위가 정해지면, 이를 효율적으로 관리하기 위해 환위험 변동을 신속 정확하게 파악할 수 있는 정보체계를 확보하고 이를 토대로 환위험이 관리된 부문에 대해 반드시 사후 평가를 실시해야 한다.

일반적으로 환위험 관리기법은 내부관리기법과 외부관리기법으로 구분된다. 내부관리 기법이란 기업이 환위험 관리를 위해 별도 거래 없이 내부적으로 해결하는 방안이다. 반면 외부관리기법은 외환과 금융시장을 통해 내부관리기법으로 제거하지 못한 환위험을 줄이는 방안을 말한다.

요즘 국내 기업들은 내부적으로 쉽게 접근할 수 있는 관리기법을 충분히 활용하지 못하고 있는 상황이다. 환위험이 발생하면 기업은 먼저 내부적으로 환위험을 회피할 수 있는 방안이 없는지부터 검토해야 한다. 만약 환위험이 내부관리기법에 의해 제거되지 않으면 그때 가서 외부관리기법을 이용하는 것이 순서다.

환위험 관리기법이 결정되면 그다음에는 환위험에 대해 어떤 입장을 취해야 할지 정해야 한다. 단순히 '환위험을 최소화하는 데 그칠 것인가' 아니면 '환차익을 극대화할 것인가'에 대한 입장이 명확히 서야, 보다 적절한 환위험 관리전략을 선택할 수 있다. 간헐적으로 수출하는 기업과 지속적으로 수출하는 기업 간 환위험 관리전략도 달리해야 한다. 간헐적으로 수출하는 기업이라면 수출과 동시에 선물환 계약을 체결함으로써 환율 변동과 관계없이 매출액을 일정 금액의 원화로 확정 짓는 편이 바람직한 방안이다.

반면 수출을 계속하는 기업이라면 현재 거래되는 선물환율은 확정돼 있으나 미래시점에 거래하게 될 선물환율은 현물환율과 마찬가지로 계속 변동하리라 예상된다. 이때는 선물환 거래를 하더라도 미래 매출이익의 변동 가능성을 피할 수 없기 때문에 내부관리기법을 사용하는 방안부터 검토해야 한다. 외부관리기법을 사용하고자 하는 기업들은 통화스와프, 통화선물과 같은 파생금융상품시장에 적극 참여해야 한다. 지금이라도 대기업은 사내 선물환 제도와 중소기업은 환율변동보험제를 활용할 방안도 권한다.

마지막으로 다양한 네트워크 구축도 중요하다. 언제든지 상담할 수 있는 환율 전문가, 환율 예측 전문기관과의 네트워크를 구축하는 일은 이제는 환위험을 잘 관리하기 위한 필수 과제다. 정도 차는 있겠지만, 개인도 이와 비슷한 방법으로 앞으로 더욱 높아질 환위험을 관리해 나가면 큰 무리가 없을 것으로 생각된다.

예측 실패를 부르는
일곱 가지 함정

불확실한 미래를 정확하게 예측하는 일은 모든 경제행위 가운데 가장 중요한 과제다. 특히 경기와 주가를 예측할 때 그렇다.

금융위기와 코로나 사태 과정에서 예측을 실패한 사례들은 무수히 많다. 그중에서 금융위기 이후 마크 파버의 '중국 경제 붕괴론'은 여지없이 빗나갔다. 코로나 이후 누니엘 루비니 뉴욕대 교수의 'I(수직 절벽)형 세계 경기 예측'도 월가에서는 증시 공해로 불릴 만큼 대실수에 해당한다. 국내 증시에서 비관론을 고집스럽게 주장해 일생일대에 한 번 찾아올까 말까 할 기회를 잃게 한 사람들이 의외로 많다.

코로나 사태 이후 주가 상승률이 무려 100퍼센트가 넘을 정도로 확실한 추세를 읽지 못하는 이유는 각종 예측 때 흔히 범하는 일곱 가지 함정 때문이다. 월가에서는 '파버-루비니의 7대 예측 함정'이라 꼬집는 사람들도 있다. 커다란 투자기회를 잃게 한 것을 비꼬는 용어이긴 하지만, 각종 예측을 하는 사람들에게는 많은 교훈을 내포한다.

첫째, 가장 흔하게 범하는 것은 '트렌드 분석에 따른 예측 함정'이다. 현시점에서 주도적인 트렌드를 찾고 그 연장선상에서 미래를 예측하는 것은 기본적으로 현재 상황이 미래까지 지속된다는 전제에서 출발한다. 그러나 트렌드의 영향력, 방향성, 패턴이 변화할 수 있음을 간과하는 오류가 언제든지 발생할 수 있다.

미래예측을 사회 전반에 나타나는 메가트렌드에만 초점을 맞출 경우, 이 흐름에 부합되지 않거나 불확실해 무시했던 변수들이 현실화되면서 1~2년도 못가서 틀리는 경우가 많다. 미래 트렌드의 변화 가능성에 대한 진지한 고민 없이 현재 트렌드에만 초점을 맞춰 예측할 때 흔히 범하는 오류다.

둘째, '심리적 편향에 따른 예측 함정'이다. 예측자의 오랜 경험과 지식이 독특한 심리적 편향을 유발토록 해, 예측 모델을 잘못 설정하거나 자료를 편향적으로 선택하게 한다. 심리적 편향은 미래예측 과정상의 모델 구성뿐만 아니라 이용자로 하여금 올바른 예측을 잘못 해석하게 만든다. 한마디로 미래예측을 빗나가게 하는 심리적 함정이다.

셋째, '고정관념의 함정'이다. 과거 경험과 기존 예측 등이 고정관념으로 작용해 미래 예측상에 새로운 정보나 변화, 방향성을 제대로 반영하지 못하는 경우에 나타나는 오류다. 과거 부동산으로 손해 본 적이 없으니 앞으로도 부동산 투자는 매력적이라고 생각하는 부동산 불패 신화가 대표 사례다.

넷째. '자기 과신의 함정'이다. 자신의 예측, 실행, 판단능력을 과신한 결과 잘못된 미래 예측에 빠지는 것으로, 특히 성공한 전문가와 경영자들에게 두드러지게 나타나는 현상이다. 자기 과신에 빠진 예측자들이 자신의 정보량을 과대평가해 새로운 정보에 소홀해지거나 남의 말을 잘 듣지 않을 때 흔히 범하는 오류다.

대표적인 예가 '마이클 피시 현상'이다. 당시 BBC 방송의 유명한 기상 전문가였던 마이클 피시는 1987년 한 어부의 제보를 무시한다. 그러나 200년 만에 불어 닥친 초대형 허리케인은 런던의 도시 기능을 온통 마비하고 파괴할 정도로 영국 경제에 커다란 피해를 끼쳤다. 전문가의 말을 믿다간 오히려 더 큰 낭패를 당할 수 있다는 의미다.

다섯째, '기억력의 함정'이다. 과거 경험했던 재해나 극적인 사건을 지나치게 염두에 두고 미래를 전망한 결과 예측이 비관적, 보수적으로 편향되게 흐르는 현상이다. 2003년 우주왕복선 디스커버리호의 폭발을 본 사람들은 우주개발사업을 비관적으로 예측했으나, 2008년 이후 일본, 중국, 인도 등이 경쟁적으로 달 탐사위성발사계획을 발표하면서 '본격적인 우주개발 경쟁시대가 열리고 있다'고 낙관적으로 예측하는 경우다.

여섯째, '신중함의 함정'이다. 틀릴 것을 우려하여 지나치게 신중을 기한 결과, 예측자들은 자신의 실제 예상보다 보수적이거나 수요자의 생각에 부응하는 예측을 내놓는 경향이 높다. 애널리스트들의 경우 강세장에서 약세를 외치기가 힘든데, 예측이 빗나가면 많은 비난에 시달리며 심각한 후회에 직면하기 때문이다.

하지만 예측상 대세를 따라간 경우 대세 자체가 틀려도 일단 비난이 덜하고 나중에 찾아올 책임을 줄이기 위해 신념보다 대세나 중도를 따르게 된다. 앞서 언급한 바와 같이 증권사까지 포함해 40개가 넘는 국내 예측기관들이 내놓는 경제성장률이 한국은행 전망치에 0.5퍼센트포인트 범위 내로 수렴되는 경우가 해당한다.

일곱 번째, '증거 확인의 함정'이다. 미래를 예측할 때 자료수집과 해석과정에서 자신의 원래 가설에 부합되는 증거들만 채택하는 성향으로, 미래예측이 편향된 방향으로 흐르는 경우다. 미래예측에서 사람들은 무의식적으로 미래 방향성에 대한 가설을 먼저 설정하고 그 답을 찾는 경향이 높다. 하지만 이 과정에서 선호 성향이 작동해 자신이 설정한 가설이 틀렸어도 자기 생각을 지지하는 정보에 더 끌리게 된다.

2021년 증시를 보는 눈은 낙관론들이 유난히 많았다. 코로나 사태 직후 비관론자들이 7대 함정에 빠져 주가가 급등하는 것을 예측하지 못한 것처럼 2021년에는 낙관론자들이 이 함정에 빠져 있었던 건 아닌지 곰곰이 따져볼 필요가 있다. 증시 여건상 주가 앞날은 좋아 보이지만, 낙관론으로의 쏠림보다 예기치 못한 위험에도 대비할 수 있는 균형 유지가 더 바람직해 보이는 때다. 특히 2022년에는 그렇게 해야 한다.

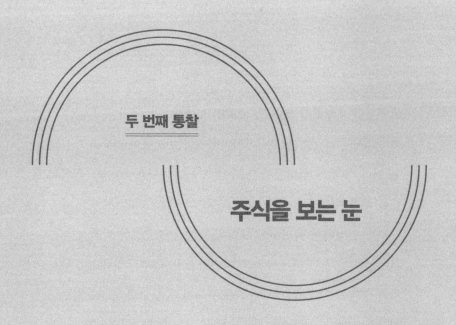

두 번째 통찰

주식을 보는 눈

먼저 자기 마음부터 다스려라
조지 소로스의 자기암시가설

최근처럼 세계화된 온라인·디지털 시대에서는 주가를 비롯한 각종 금융변수가 심리 요인에 의해 좌우되는 정도가 갈수록 높아지고 있다. 코로나 사태처럼 '아무도 모르는(nobody knows)' 위험이 닥칠 때일수록 더 그렇다.

주가 결정에서 심리적인 요인이 얼마나 중요한지 단적으로 드러내는 이론이 '조지 소로스의 자기암시가설'이다. 한마디로 투자자가 긍정적으로 생각하면 주가는 올라가고 반대로 부정적으로 생각하면 주가는 떨어진다는 것이 이 가설의 핵심이다. 수많은 주가예측기법 가운데 월가에서는 가장 오랫동안 각광받고 있다.

심리적인 요인을 더 증폭시키는 것이 '네트워킹 효과'다. 이제 모든 경제활동이 각종 네트워크에 의해 빈틈 없을 정도로 촘촘하게 연계된 초연결 사회가 됐다. 이런 상황에서 특정 재료가 터져 나오면 그 나라 전체뿐만 아니라 온 세계로 퍼져 나가는 이른바 정보 시차가 크게 단축됐다. 특히 나쁜 소식일수록 더 빠르게 전파된다.

의학 용어에 환자의 심리상태에 따라 완치 여부가 결정된다는 '노시보 효과(nocebo effect)'와 '플라시보 효과(placebo effect)'라는 말이 있다. 노시보 효과는 아무리 좋은 약을 먹더라도 환자가 그 효과를 의심하면 치료되지 않는다는 뜻이다. 반면 플라시보 효과는 약을 주지 않더라도 낫겠다는 의지만으로 환자가 완치될 수 있다는 뜻이다.

두 효과를 우리 경제와 증시에 적용해보면, 노시보 효과는 건실한 한국 경제를 믿지 못함에 따라 주가가 급락하고 환율이 급등하는 경우다. 2022년 3월에 예정된 대통령 선거와 맞물려 최근 나돌고 있는 '위기설'이 대표적인 예다. 리먼 브러더스 사태 직후 매월 나오는 위기설로 인해 우리 경제와 증시가 대혼란에 빠진 때가 아직도 기억에 생생하다.

외환위기 당시 우리에게도 잘 알려진 IMF의 수석 이코미스트였던 모리스 골드스타인의 위기판단지표로 보면, 최근 거론되는 2022년 3월 위기설이 발생할 확률은 거의 없다고 나온다. 우리나라가 속한 신흥국 그룹 중에서도 발생 확률이 가장 낮은 것으로 평가된다. 외환위기와 금융위기 사태에 비해 위기가 발생할 확률이 각각 10분의 1, 절반 이하로 그만큼 외환보유액 등 위기 관련

지표가 개선됐기 때문이다.

주목해야 할 것은 2022년 3월 위기설이 우리 내부에서 나온다는 점이다. 금융위기나 코로나 사태 때에도 우리 내부에서 꼬리에 꼬리를 물고 흘러나왔던 위기설이 오히려 국제금융시장에서 화두가 될 정도였다. 근거가 없는 위기설에 따라 주가가 급락하고 환율이 급등하면 그 피해는 고스란히 경제를 건실하게 만드는 데 애를 쓴 우리 국민에게 돌아간다.

현시점에서 가장 절실한 것은 우리 경제를 최소한 있는 그대로 믿는 플라시보 효과다. 부존자원과 축적된 자본이 없이 우리 경제가 압축성장을 해온 이유는, 우리 국민이 '하면 된다(can do)'라고 믿는 이 효과 덕분이다. 2022년 3월 위기설을 극복하는 것뿐만 아니라 우리 경제와 증시가 재도약하기 위해 그 어느 때보다 플라시보 효과가 요구되는 때다.

주식 투자자들은 각종 위기설이 나올 때마다 그 위기설을 더 증폭시키는 '리스크데믹(riskdemic=risk+epidemic)'과 '인포데믹(infodemic=information+epidemic)'을 경계해야 한다. 주변에서 수시로 흘러나오는 정보나 그때그때 발생하는 리스크에 흔들리다 보면 '카오스' 국면은 더 심해지고 확률이 적었던 위기설도 가시화될 수 있다. 주식 투자로 수익률 극대화하고 손실을 최소화하는 방안은 '자신감'이라는 격언을 새겨볼 필요가 있다.

개인 투자자를 위한 주식 투자 타이밍
S자형 이론과 화두어 찾기

개인 투자자들에게는 전문적인 예측기관과 증권사가 활용하는 복잡한 계기판은 필요하지 않다. 이 때문에 심리적인 안정을 토대로 중장기적인 관점에서 주식 투자로 보다 확실한 수익을 내는 방안으로 'S'자형 투자이론이 월가에서 오랫동안 각광받아 왔다. 우리나라에서도 주식을 통해 돈을 많이 번 부자를 중심으로 비교적 많이 알려져 있다.

S자형 투자이론은 사람의 성장곡선에서 유래했다. 모든 신기술과 제품은 시장점유율을 일일이 측정하지 않아도 서서히 틈새 시장을 파고든다. 일단 소비자와 가정 속에 10퍼센트 정도가 보급되면 그 후 급속히 퍼져 나가는 대세가 형성된다. 즉, 한 제품이 시장을 10퍼센트를 점하는 데 걸리는 시간과 이후 90퍼센트를 점하는 데 걸리는 시간이 같다는 것이 이 이론의 핵심이다.

자동차의 경우를 예로 들어보자. 자동차는 1886년에 처음 발명된 이후 1900년경부터 대중화되기 시작했다. 이때부터 당시 자동차를 소유할 수 있었던 고소득 틈새시장을 파고들기 시작해 1914년경에는 10퍼센트를 차지했다. 이후 자동차 수요는 폭발적으로 증가해 꼭 14년만인 1928년경에는 90퍼센트에 도달했다.

S자형 이론이 나오게 된 배경은 어떤 기술과 제품의 보급률이 10퍼센트에 달하면 그 이후에는 구글의 조지 레이에스 최고재무책임자(CFO)가 언급해 유명해진 '대수의 법칙(law of large numbers)'이 적용되기 때문이다. 대수의 법칙이란 매출이 100억 원이던 기업이 2년차에 150억 원, 즉 첫해보다 50억 원이 증가하면 신장률은 50퍼센트이고, 3년 차에 75억 원, 4년차에 112억 5000만 달러가 늘어나야 첫해 기록했던 매년 신장율 50퍼센트를 유지할 수 있다는 이론이다.

결국 S자형 이론에 따른다면 어떤 기술과 제품이든 초기에 앞이 보이지 않을 정도로 불확실한 상황에서라도 일단 보급률이 10퍼센트에 달하면, 확신을 갖고 중장기적인 안목에서 투자해놓으면 가장 빨리 높은 수익을 기대해볼 수 있다는 점을 시사한다. 실제로 이 이론은 일부 국내 창투사와 증권사를 중심으로 상장(IPO) 이전 기업과 종목을 발굴할 때 적용해 높은 수익을 내고 있다.

골드만삭스가 유망 기업을 발굴하는 기법인 '10의 법칙(rule of ten)'도 같은 맥락에서 나온 이론이다. 10의 법칙이란 투자 시점

전후 2년 동안 매출액이 매년 평균 10퍼센트 이상 안정적으로 성장하는 종목에 투자하는 것을 말한다. S자형 이론과 다른 점은 투자 시점에 성장성뿐만 아니라 안정성을 보완했다는 점이다. S자형 이론대로 보급률이 10퍼센트 전후인 '그린 슛' 단계에 도달했다 하더라도 성장이 정체하거나 감소해 '시든 잡초(yellow weeds)'가 되는 기업이 종종 발생하기 때문이다.

지난 2년 동안 코로나 사태가 지속되는 과정에서 '주력산업의 카오스(혼돈) 시대다'라고 부를 만큼 과도기가 계속되고 있다. 그러나 증강현실 시대를 불러온 모바일과 함께 통합융합산업 등이 이제는 확실한 주력산업으로 자리 잡아가고 있다. 각국의 예산편성과 기업 경영계획에서 이들 업종의 투자 비중이 높아지고 있다.

S자형 투자이론으로 빅 마켓으로 떠올라 큰돈을 벌 수 있는 또 다른 한 곳을 더 들면 빈곤층을 대상으로 한 비즈니스, 즉 'BOP(business of the economic pyramid)' 업종이다. BOP는 1998년 미국 미시간대의 프라할라드(C.K. Prahalad) 교수와 코넬대의 하트(Stuart L. Hart) 교수가 처음 만들어 사용한 용어다. BOP 계층은 세계 인구의 약 72퍼센트인 50억 명에 이르며 시장규모도 20조 달러 이상인 빅 마켓으로 성장했다.

돈이 될 수 있는 빅 마켓을 찾는 방법으로 S자형 투자이론 말고도 그때그때 유행하는 화두어로 찾는 방법도 있다. 금융위기 이후에는 '부도', '좀비', '파산', '크레디트 디폴트 스와프(CDS) 프리미엄', '공포(vix)지수' 등이 가장 많이 입에 오르내렸다. 하지만 코로나 사태 이후에는 '임팩트 효과'와 'ESG', 중국어로 모순이라는 의미의 '마오둔' 등이 유행하고 있다.

그중에서 임팩트 효과와 ESG를 추구하는 기업들에 부자들이 주목하고 있다. 재무이론대로 너무 이윤만 추구하는 것이 오히려 도덕적 해이와 금융위기를 발생시키는 데 일조했다는 반성이 계기가 되었다. 앞으로는 이윤과 함께 기부 등과 같은 사회적 가치를 추구해야 생존할 수 있다는 것이 임팩트 효과와 ESG의 핵심이다. 코로나 사태 이후 독점력을 바탕으로 소상공인과 같은 사회적 약자를 거리로 내모는 빅테크 기업을 강력하게 규제하는 '테크래시(techlash=technology+backlash)' 움직임이 전 세계적으로 힘을 얻는 것도 이 때문이다.

주가 반등 시점을 잡아라
R 단어지수와 경기 예측

주식 투자자들이 가장 중시하는 것 중의 하나. 추세적인 하락세가 멈추고 주가가 반등하는 시점을 잡는 일이다. 주식 투자의 성공 여부는 반등 시점을 어떻게 포착해 잡느냐에 따라 좌우된다고 해도 과언이 아니다. 특히 한국 증시를 비롯한 글로벌 증시를 주도하는 미국 증시의 반등 시점을 잡는 일은 매우 중요하다.

이 문제를 알아보기 위해서는 주가와 경기와의 상관관계를 살펴볼 필요가 있다. 경기를 파악하는 방법 가운데 'R 단어지수(R-word index)'라는 것이 있다. 이 지수는 미국의 〈뉴욕타임스〉, 〈워싱턴포스트〉(최근에는 〈월스트리트저널〉) 등에 실린 '경기 침체(Recession)'의 빈도수를 추적해 만든 것으로 1981년, 1990년, 2001년, 2009년의 경기 전환점을 정확하게 예측해 유명해진 증시판단지표다.

R 단어지수란 인공지능(AI)을 바탕으로 한 텍스트 마이닝 기법

의 일환으로 주식 투자자들이 경기가 좋아진다는 어조는 '+1', 나빠진다는 어조는 '-1'로 빅 데이터 지수를 산출해 체감경기(주식 투자는 지표경기보다 체감경기가 더 중요하다)를 파악한 뒤 이를 토대로 주가를 예측하고 매매하는 기법이다. 최근처럼 주가 결정에 심리적인 요인이 많이 작용할 때에는 이 기법이 유용하다.

코로나 사태 이후 1년 반이 되는 시점에서 R 단어지수가 높아지고 있다. 특히 2021년 3분기 이후 미국 언론에 R 단어가 쓰인 기사 수는 600건이 넘는다. 비록 1981년, 1990년 때 수준에 미치지 못하지만 경기둔화에 우려가 높아지면서 본격적인 침체국면에 진입하는 것이 아닌가 하는 '정점론(peak out)'이 고개를 들고 있다. 국제경제협력개발기구(OECD)는 2021년 9월에 발표한 중간 전망에서 1년 전부터 상향 조정해오던 미국 경제성장률을 처음으로 하향 조정하기 시작했다.

과거 미국의 전형적인 경기 침체기가 약 10개월 동안 지속된 점을 감안하면 앞으로 침체기가 온다면 2022년 내내 지속될 확률이 높다. 요즘 유행하는 '바퀴벌레 이론(cockroach theory)'에 따르면 앞으로 침체기가 온다면 그 골이 더 깊어질 수 있다. 이 이론은 부엌 싱크대에서 발견된 바퀴벌레는 벽이나 바닥에 숨어 있는 떼의 한 마리에 불과하다는 것으로, 2008년 서브프라임 모기지 사태의 위험성을 잘 설명해줬다.

하지만 주가는 경기침체 그 자체가 아니라 앞으로 침체가 닥치리라는 예상 때문에 떨어진다. 1990년 이후 지금까지 11차례에 걸친 침체기의 주가 흐름을 보면 'R' 단어가 나타나기 시작한 시점에 최고치를 기록한 뒤 본격적인 침체국면에 진입하기 시작한 시점에 최저치를 기록했다. 다우존스산업평균지수 기준으로 평균 25퍼센트 하락했다. JP모건 등이 앞으로 미국 증시가 조정국면이 오면 20~30퍼센트 하락할 것이라는 시각도 같은 맥락이다.

눈여겨봐야 할 것은 투자자의 기대심리가 주가 결정의 큰 요인으로 작용하면서 경기침체가 끝나기 약 3~4개월 전부터 주가가 반등하는 모습을 보였다는 점이다. 투자자들의 심리를 반영해 주가와 경기와의 관계를 본 조지 소로스의 자기암시가설에서는 이같은 사실을 뒷받침한다.

코로나 사태를 맞아 2020년 3월 이후 코스피 지수가 불과 한 달 만에 40퍼센트 이상 폭락했다. 주식 투자 수익률은 위험을 감수한 대가라는 차원에서 보면 주가가 떨어질수록 위험이 커지기 때문에 그때 주식을 사두면 큰돈을 벌 수 있다. 실제로 코스피 지수는 이때부터 급등해 1년 반 만에 2배 이상 급반등했다.

1년 반이 지난 지금의 상황은 코스피 지수가 많이 올랐고 증시가 좋다는 것은 누구나 공감하고 있어, 줄어든 위험을 감수하더라도 수익이 나기 힘들다. 수익이 나더라도 기저 효과 때문에 수익률은 둔화되는 대신 오히려 정점론과 테이퍼링 가능성 등에 따라 주가가 떨어질 가능성에 대비해놓아야 한다. 하지만 "나만 투자

기회를 놓치는 게 아닌가" 하는 이른바 '포모(FOMO, Fear of Missing Out)족'은 뒤늦게 주식을 사기에 바쁘다.

이때가 중요하다. 코로나 이후 주가가 올라갈 때 수수료 등으로 수익이 많이 난 증권사들은 '앞으로 주가가 더 올라갈 테니 떨어질 때마다 저가 매수하라'고 부추긴다. 하지만 주식 투자자는 그런 조언을 액면 그대로 따라갈 수 없다. 뒤늦은 낙관론의 무서운 점에 대해 저명한 경기 예측론자인 웨슬리 미첼은, "뒤늦은 낙관론이 위기에 봉착하면 흔적 없이 사라지고 이때 태어난 그릇된 비관론이 문제가 된다"며 "새로 탄생된 비관론은 신생아가 아니라 거인의 위력을 발휘한다"고 경고했다. 저가 매수 추천에 따라간 주식 투자자들이 낭패를 보는 현상을 잘 설명한 격언이다.

밤낮없이 어떤 종목을 살 것인가 고민하는 투자자의 고충을 모르는 바가 아니다. 그러나 주식 투자는 '타이밍'이 생명이다. 매수 타이밍을 잘 잡으면 의외로 큰 수익, 즉 대박이 나지만 실기(失機)하면 이후에 엄청난 손실, 즉 쪽박을 차게 된다. '투기꾼(자신의 이익만 생각)'보다 '투자자(임팩트 가치도 중시)'가 되어야 하며, 증권사도 증권사의 이익보다 고객 편에서 좀 더 솔직하게 투자전략을 권고해야 한다.

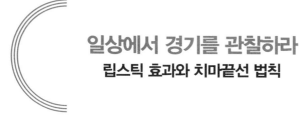

일상에서 경기를 관찰하라
립스틱 효과와 치마끝선 법칙

미국의 GDP(국내총생산) 통계를 담당하는 상무부가 "코로나 사태를 맞아 2020년 1분기에 -5.1퍼센트까지 떨어졌던 성장률이 2분기에는 -31.2퍼센트까지 추락했다"며 "하지만 3분기에는 +30퍼센트 이상 수준으로 회복될 것"이라고 예상(실제로는 +33.8퍼센트)을 내놓았다. 이 때문에 다우존스산업평균지수가 사상 처음으로 '30K(K=1000) 시대'가 열리는 직접적인 계기가 됐다.

보통 수준의 경제상식을 지닌 사람이라면 이 발표 내용에 세 가지 점에서 의문을 갖는다. 하나는 미국처럼 소득 규모가 크고 경제발전단계가 성숙국면에 진입한 국가의 성장률이 왜 매분기마다 들쑥날쑥 하느냐는 점, 다른 하나는 이런 성장률로 어떻게 경제 현실을 진단하고 예측해 경제정책을 수립할 수 있느냐 하는 점이다. 예측된 전망치를 얼마나 믿을 수 있느냐 하는 점도 세 번째 의문이다.

금융위기나 코로나 사태처럼 어려울 때일수록 미국의 경제성장률이 분기별로 들쭉날쭉하는 점에 대해서는, 통계방식에 대한 이해가 필요하다. 미국 분기 지표는 전분기대비 또는 전분기대비 연율, 월별 지표는 전월대비 방식을 원칙으로 한다. 신흥국에서 많이 사용하는 전년동기비나 전년동월비 방식은 보다 정확한 경기판단을 위해 필요할 경우에만 사용되는 일종의 보조지표일 뿐이다.

경기 사이클이 단축되는 시대에서는 이 방식은 장점을 갖고 있다. 하지만 같은 증감분(분자)이라 하더라도 기준(분모)에 따라 변화율에 차이가 나는 기저 효과가 발생한다. 특히 금융위기나 코로나 사태 직후에는 더 심하게 나타난다. 미국경제연구소(NBER) 등이 경기를 판단할 때 분기 지표는 2분기 연속, 월별 지표는 3개월 이동평균치를 활용하는 것도 기저 효과에 따른 왜곡 현상(계절적인 요인)을 방지하기 위한 목적에서다.

경제지표가 들쭉날쭉하는 또 다른 요인은 '경기 순응성(procyclicality)' 때문이다. 경기 순응성이란 자산시장 움직임이 경기변동을 증폭시키는 금융과 실물 간 상호작용을 말한다. 경기 회복기에는 주식, 부동산 등 자산가격 동반 상승에 따른 부(富)의 효과가 더해지면서 정점이 더 올라간다. 하지만 침체기에는 자산가격의 동반 하락에 따른 역(逆)자산 효과까지 덮치면서 저점이 더 떨어진다. 경기순환상 진폭이 더 확대된다는 의미다.

때문에 미국 중앙은행(Fed) 등은 경기 순응성이 나타나는 현상을 감안해 통화정책을 추진하지 않는다. 경기 사이클의 단기화와 순응성을 보완하기 위해 예측 주기를 단축했다. '반기'를 원칙으로 했던 예측 주기를 '분기'로 변경했다. 국제통화기금(IMF)도 반기 예측 주기를 지키고 있으나 그 중간 시점에 세계 경제에 커다란 영향을 미치는 주요 회원국을 중심으로 수정치, 즉 중간 전망을 내놓고 있다.

코로나 사태를 거치면서 종전과 비교할 수 없을 정도로 달라진 통계환경도 감안해야 한다. 'A'라는 사람이 10년 전과 지금은 완전히 다르다. 인터넷과 SNS의 보편화로 이제는 '하나의 세계(USW, united states of world)'가 한순간 한 손안에 들어오는 증강현실 시대다. 비슷한 현상에 처해 'A'가 만들어내는 주가, 금리, 환율 등과 같은 경제성과는 10년 전과 크게 차이가 난다는 의미다. 특히 한국 증권사가 주목해야 할 부문이다.

각종 차트나 기술 분석에서 특정 사건이 터진 이후 이렇게 됐으니 이번에도 그런 방향으로 흐르리라고 예상하는 것은 매우 위험한 발상이다. 시계열 자료상 지금과 유사한 사례들이 많을 때는 직전 발생 사례에 더 우선순위를 둬 판단하고 예측하는 '최근효과(recently effect)'를 중시해야 한다. 2020년대로 들어섰는데도 1970년대와 유사한 차트와 사건을 들어 예측하고 투자 조언하는 것은 사실상 의미가 없다.

뉴노멀 또는 뉴앱노멀 시대에 전망기관들의 예측력은 당연히 떨어질 수밖에 없다. 종전과 다른 여건에서 만들어지는 시계열 자료들의 연속성을 유지하기 위해서는 '가변수(dummy)'를 많이 사용해야 하기 때문이다. 하지만 너무 많은 가변수를 사용하면 예측모형을 통해 추정된 전망치는 현실과 다른 세계가 될 수 있다. 예측치를 활용할 때 마이클 피시 현상도 경계해야 한다.

이 때문에 미래를 보다 정확하게 예측하기 위해서는 '립스틱 효과(lipstick effect)', '치마끝선 법칙(hemline theory)' 등과 같은 '참고지표(reference indicator)'를 활용할 필요가 있다. 일상생활에서 쉽게 경기를 판단하는 참고지표로 가장 많이 애용되는 립스틱 효과란 여성들이 입술에 바르는 립스틱 색상이 짙어질수록 경기가 침체되고, 엷어질수록 회복되고 있다는 의미로 해석한다. 같은 선상에서 치마끝선 법칙은 여성들의 치마 끝 길이가 길어질수록 경기가 침체되고, 짧아질수록 경기가 회복된다는 의미다.

예측력에 대해서도 관대해질 필요가 있다. 베리 아이켄그린 미국 버클리대 교수의 지적대로 지금처럼 초불확실한 시대에서는 우연의 일치를 빼고는 족집게란 있을 수 없다. 예측치에서 실적치를 뺀 수치를 백분화한 절대오차율이 30퍼센트 이내라면 예측의 주목적인 '경제주체들의 안내판 역할'에는 큰 무리가 없다. 하지만 예측기관들은 새로운 환경에 맞는 예측기법을 개발해 예측력을 높이는 노력을 지속해야 한다.

좀 더 지켜봐야 하겠지만 코로나 사태 이후 경기와 주가가 당초 예상보다 훨씬 좋았던 만큼 앞으로는 웨슬리 미첼이 경고한 '낙관론의 오류'에 빠지지 않을까 우려된다. 코로나 사태 이후 지금까지 주가 상승으로 들뜬 월가에서 빌 그로스, 마크 파버 등과 같은 비관론자들의 주가 폭락설에 부자들이 보통 사람들보다 더 귀를 기울이는 것도 이 때문이다.

가치주냐, 성장주냐

2021년 8월 모든 주식 투자자의 관심 속에 코인베이스가 뉴욕 증시에 상장됐다. 과연 주거래 대상인 '비트코인을 비롯한 가상화폐의 가치가 얼마냐'는 본질적인 논쟁 속에 준거가격인 250달러를 1.5배 이상 뛰어넘는 높은 가격에서 첫 거래가 시작됐다. 따라서 테슬라, 니콜라, 쿠팡과 함께 상장 첫날부터 '거품'이라는 또 다른 논쟁에 휩싸였다.

이른바 '성장주'라는 이들 주가 앞날과 관련해 두 시각이 팽팽히 맞선다. 하나는 경기와 기업 실적이 받쳐주지 못하는 상황에서 성장주는 깊은 나락으로 추락할 수밖에 없어 앞으로는 가치주가 더 유망하다는 시각과, 다른 하나는 경기와 기업 실적이 뒤따라오면서 성장주가 계속해서 유망할 것이라는 시각이다.

어느 시각으로 갈 것인가를 알아보기 위해 현재 주가 수준부터 평가해보면, 성장주 주가는 주가수익비율(PER, price earning ratio), 주가순자산비율(PBR, price to book value ratio) 등 전통적인 주가평가지표로는 도저히 이해되지 않을 정도로 높은 수준이다. 상장 첫날 코인베이스와 쿠팡뿐만 아니라 서학개미들이 보유한 대부분 미국 주식이 그렇다.

성장주의 주가 수준이 전통적인 평가지표로 설명되지 않다 보니, 일부 증권사가 활용하는 주가매출비율(PSR, price sales ratio)은 실적보다 성장성 지표인 매출액을 중시한다는 점에서 의미가 있지만 여전히 한계는 있다. PER, PBR과 마찬가지로 과거 실적을 기준으로 한 평가지표라는 점과, 최근처럼 매출과 이익 간 괴리가 심해지는 상황에서는 적정 주가 판단을 오히려 왜곡할 수 있기 때문이다.

금융위기 이후 금융이 실물경제를 반영하는 것이 아니라 주도하는 위치로 바뀌었다. 코로나 사태 이후 더 심해졌다. 각국 중앙은행도 자산 효과를 겨냥해 경기회복을 모색하는 이른바 버냉키 독트린에 따른 통화정책이 상시화되고 있다. 제로(또는 마이너스) 금리, 양적완화와 같은 비전통적 또는 비정상적인 통화정책이 오히려 전통적 또는 정상적인 통화정책으로 전환됐다는 평가까지 나올 정도로 장기간 지속되고 있다.

'뉴노멀' 또는 '뉴앱노멀'이라 하는 이런 주식 투자 여건에서는 지금 당장 경기와 기업 실적이 뒤따라주지 않더라도 미래에 수익

으로 연결될 수 있는 무형의 잠재가치(최고경영자의 꿈과 이상도 포함된
다)가 높게 평가되면 주식 투자자들의 돈이 몰리면서 주가가 크게
오를 수 있다. 테슬라의 주가가 단적인 예다. 미국 예일대의 로버
트 실러 교수는 이를 '이야기 경제학(narrative economics)'으로 정
의했다.

주가는 과거 실적이 아니라 미래에 기대되는 수익에 투자한 결
과라는 차원에서 보면 충분히 일리가 있고 오히려 더 정확할 수
있다. 코로나 사태 이후 월가에서 새로운 주가평가지표로 주가
무형자산비율(PPR, price patent ratio), 꿈대비 주가비율(PDR, price to
dream ratio) 등이 주목받는 것도 이 때문이다.

신구 평가지표로 코엔베이스, 쿠팡, 서학개미 보유 주식 등 성
장주의 적정 주가 수준을 따져 앞날을 예상해보면 구평가지표로
는 '하락', 신평가지표로는 '상승'이라는 엇갈린 결론이 나온다.
따져봐야 할 것은 구평가지표로 주가 하락의 근거인 기업 실적
부진, 신평가지표로 주가 상승의 근거인 미래 잠재가치는 서로 동
떨어진 것이 아니라는 점이다. 기업 내부 요인이 있지만 경기와
기업 실적이 좋아지면 미래 잠재가치도 올라가기 때문이다.

가치주와 성장주 간 논쟁에서 보다 근본적으로 검토해봐야 할
것은, 이 논쟁의 전제는 시장경제가 잘 작동해 가치주는 저평가
된 현재 가치에, 성장주는 높게 평가되는 미래잠재가치에 주가가
수렴해야 한다는 점이다. '인간의 욕망은 무한하지만 이를 채워줄

수 있는 자원은 유한하다'. 경제학 원론 첫 페이지를 열면 가장 먼저 접하는 '자원의 희소성 법칙'이다.

이 법칙을 가장 간단하고 이상적으로 해결할 수 있는 것은 시장 신호에 따른 방법이다. 특정 재화에 대한 욕망이 높은 시장 참가자는 높은 가격을 써낼 의향이 있고, 그 신호대로 해당 재화를 배분하면 경제학의 양대 목표 중의 하나인 효율성만은 극대화할 수 있다. 이 때문에 모든 경제주체는 시장경제에 매력을 느낀다.

역설적으로 들릴지 모르지만 간단하기 때문에 복잡하고, 이상적이기 때문에 달성하기 힘들다. 완전경쟁은 아니더라도 시장이 잘 작동되려면 공급자, 수요자 등 시장 참가자 수가 충분해야 하고, 제품의 질도 가능한 한 동질적이어야 한다. 정보의 비대칭성도 크게 차이가 나서는 안 된다.

제품에도 '경합성의 원칙'과 '배제성의 원칙'이 적용돼야 한다. 경합성이란 특정 재화를 차지하기 위한 시장참가자 간 경쟁을, 배제성이란 가격을 지불한 시장참가자만 특정 재화를 소비할 수 있다는 뜻이다. 이런 전제와 원칙이 지켜지지 않으면 시장에 맡기는 것이 더 안 좋은 결과, 즉 시장의 실패로 이어질 수 있다.

코로나 사태를 계기로 합리적 인간을 가정한 주류 경제학에 대한 회의론이 확산되고 있다. 합리적인 인간이라는 가정이 무너진다면 자유와 창의를 바탕으로 한 시장경제에도 변화가 올 수밖에 없다. 시장실패 부문에 대해서는 국가가 개입할 수밖에 없다는 정당성을 부여해주기 때문이다.

경제학을 접해본 사람이면 누구나 다 아는 얘기를 재차 거론하는 이유는 코로나 사태 이후 보다 더 근본적인 부분에 문제가 생기고 있기 때문이다. 시장이든 정부든 자원의 희소성 법칙을 해결하기 위한 주체인 인간은 합리적이어야 하고, 제품의 가치와 가격은 일치돼야 한다는 것이 양대 전제다.

시장에서 인간의 합리성은 갖고자 하는 특정 재화의 제품의 가치와 가격으로 나타난다. 가치에 합당한 가격, 즉 돈을 지불하면 '합리적', 그렇지 못하면 '비합리적'으로 판단된다. 화폐의 3대 기능인 교환의 매개, 가치저장 기능, 회계의 단위 중 가치저장기능이 가장 중시되는 까닭이다.

문제는 코로나 사태를 해결하기 위해 돈이 많이 풀리면서 가치저장기능이 약화됨에 따라 제품 가치와 가격 간 괴리가 심하게 발생한다는 점이다. 이때는 특정 재화에 돈이 너무 많이 몰려 해당 재화의 가치에 비해 가격이 높게 형성됨에 따라 '합리적이어야 한다'는 인간의 전제가 시장에서는 깨진 것처럼 비춰진다. 게임 이론으로 보면 가치에 비해 돈을 많이 번 기업가(투자자)는 대박이 나고, 돈을 많이 지불한 소비자(투자자)는 쪽박을 차게 된다.

반대의 경우도 흔하다. 특정 재화의 가치에 비해 가격이 너무 낮게 형성되는 경우다. 수확 체증의 법칙이 적용되는 인터넷, SNS의 발전으로 증강현실 시대가 열리면서 자원의 공간적 한계가 넓어지고 있다. 경제주체가 공간적 뉴프런티어 개척에 나서면서 '자원이 유한하다'는 또 하나의 전제가 무너진 듯 착각에 빠져들게 한다.

상품의 공간도 급격히 무너지고 있다. 코로나 사태를 계기로 디지털 콘택트 시대가 앞당겨지면서 각국의 시장이 하나로 통합되고 만성적인 공급과잉 시대를 맞았다. 그 결과 가격파괴 경쟁이 격화하면서 제품 가치와 괴리 현상이 더 심하게 발생하고 있다. 게임 이론상 제품 가치에 비해 돈을 적게 번 기업가(투자자)는 쪽박을 차고, 돈을 적게 지불한 소비자(투자자)는 대박이 난다.

모든 제품과 주식은 가치대로 가격(주가)이 형성돼야 기업인은 창조적 파괴 정신이 고취되고, 소비자와 투자자에게는 합리적인 소비행위와 건전한 투자문화가 정착될 수 있다. 코로나 사태를 겪으면서 새롭게 다가오는 시장여건에 맞게 경제주체의 역할이 조정되어야 시장경제가 재탄생할 수 있고, 그 이전까지 가치주와 성장주 간 논쟁은 큰 의미가 없다. 증시 전문가가 목매는 가치주와 성장주 간의 논쟁에 큰 관심을 보일 필요가 없다는 얘기다.

제조업이냐, IT냐

한 나라의 경제개발 과정에서 정부 주도의 산업정책이 필요한가에 대한 논란은 오래됐다. 독일, 일본, 한국 등과 같은 전쟁 폐허국과 인도, 브라질 등과 같은 후발 개도국은 정부 주도의 산업정책을 채택했다. 이들 국가가 산업정책을 채택한 가장 큰 이유는, 전쟁과 저소득으로 국내자본 축적이 부족했던 터라 특정 산업으로 생산요소를 집중, 경제발전 단계를 단축하려는 목적에서였다.

경제발전 초기에는 '외부경제' 효과가 큰 산업이 산업정책의 대상이 된다. 외부경제란 마치 집 앞에 일군 꽃밭처럼, 들어간 사적 비용보다 더 큰 사회적 혜택을 초래해 사회적 비용이 낮아진 상태를 뜻한다. 우리나라 경제발전 과정에서 산업정책의 대상인 전략산업을 육성, 알버트 허쉬만 교수의 '전후방 연관효과'가 큰 중화학공업을 압축 성장 항목으로 선택한 것도 이런 배경에서다.

산업정책의 성공 가능성은 공급능력이 확충될 시점에 때맞춰 수요가 얼마나 창출될 수 있느냐가 관건이나, 성공한 국가들은 극히 제한적이다. 평가 시기를 2차 세계 대전 이후로 한정해본다면 산업정책을 통해 압축성장에 성공한 국가는 그리 많지 않다. 전쟁 폐허국으로는 독일과 일본, 후발 개도국 중에서는 한국과 베트남 정도다.

초기 산업정책이 성공해 어느 정도 경제발전 단계에 올랐어도 이후 지속 성장산업을 마련치 못해 '중진국 함정(MIT, middle income trap)'에 빠져 오히려 경제발전 단계가 후퇴한 국가도 의외로 많다. 아르헨티나, 필리핀이 대표적이다. 이들 국가는 각종 위기가 지속 발생함에 따라 위기 대책 또는 회피책의 일환으로 국제 분업상의 이점이 갑작스럽게 강조되면서 산업정책이 글로벌 정책으로 갑작스레 옮겨 갔다.

그러나 중국을 비롯한 신흥국들은 내수에 비해 생산능력 확대가 빨라 밀어내기 수출이 불가피하고, 이 과정에서 대규모 무역수지 흑자를 기록하면서 국제 간 불균형 문제가 발생한다. 각국 간 무역수지 불균형은 환율 조정을 통해 해소해야 하나 오히려 신흥국들은 수출 경쟁력 유지 차원에서 자국 통화 가치를 낮게 유지해 국제 간 불균형을 더 심화한다. 문제는 인위적인 자국통화 평가절하는 대표적인 근린 궁핍화 정책으로, 신흥국을 더 곤경에 빠뜨린다는 점이다.

주목해야 할 것은 금융위기 이후 각국의 산업정책 방향이 다시 제조업 중시로 바뀌고 있다는 점이다. 가장 큰 요인은 청년층 실업이 임계수준을 넘었기 때문이다. 당시 대부분 국가의 청년층 실업률은 전체 실업률의 두 배를 훨씬 웃돌았다. 가장 심한 유로랜드의 청년 실업률은 무려 25퍼센트에 달했다. 2010년을 전후한 '아랍의 봄'과 '뉴욕 폭등 사태'의 주원인이 됐다.

각국의 산업정책도 제조업을 중시할 수밖에 없다. 1990년대 초반 이후 주력산업이었던 IT 업종은 네트워크가 증가할수록 생산성도 증가하는 '수확체증의 법칙'이 적용된다. 따라서 이 업종이 주도가 돼 경기가 회복될 때는 일자리, 특히 청년층의 일자리가 좀처럼 늘어나지 않는다. '청년층 고용창출이 없는 경기회복'이다. 코로나 사태 이후에는 더 심해졌다.

하지만 전통적인 제조업에는 생산할수록 생산성이 떨어지는 '수확체감의 법칙'이 적용된다. 이 때문에 IT산업이 주도할 때와 같은 성장률을 유지하려면 노동을 더 투입해야 한다. 과거 제조업 주도로 경기가 회복할 때에는 그만큼 일자리가 늘어나 지표와 체감경기 간 괴리가 발생되지 않고 양극화도 심해지지 않는다. 제조업 육성으로 코로나 사태 이후 'K'자형 양극화 현상이 심화되는 과정에서 절실하게 요구되는 '온정적 자본주의(자본주의 4.0)'의 실현이 가능하다.

각국이 추진하는 제조업 중시정책도 처한 여건에 따라 다르다. 미국은 세제지원 등을 통해 '꺼진 불도 다시 보자'는 '제조업 재생(refresh) 운동'을, 일본은 엔저를 통해 '제조 수출업의 부활(recovery)' 정책을, 전통적으로 제조업이 강한 독일은 경쟁력을 계속 유지해 나가는 '제조업 고수(master)제'를, 중국은 잃어버린 활력을 다시 불어넣는 '제조업 재충전(remineralization) 대책'을 추진해오고 있다.

특히 제조업 르네상스를 주도했던 미국의 산업정책이 재조명되고 있다. 금융위기 이전까지만 하더라도 세계화의 일환으로 해외 진출을 권장했던 제조업을 안으로 끌어들이는 '리쇼오링' 정책을 추진 중이다. 이 정책이 예상 밖으로 효과가 크자 버락 오바마 정부는 집권 2기에 들어서는 '일자리 자석 정책'으로 한 단계 격상시켰다. 집권 내내 오바마노믹스 지우기로 일관했던 도널드 트럼프 정부에서도 이 정책만큼은 유일하게 강화해 추진했다. 조 바이든 정부 들어서는 아예 오바마 시대로 되돌아갔다.

각국의 제조업 중시정책은 글로벌 증시 입장에서도 의미가 크다. IT 업종은 라이프사이클이 매우 짧기 때문에 이 산업이 주도가 될 때에는 주기가 짧아지고 경기 순응성이 심해진다. 특정국 경기순환에서 경기 순응성이 나타날 때는 전망기관들의 예측력이 떨어지고 경제정책을 비롯해 각종 계획을 세우기도 어려워진다. 증시에서도 IT 주가가 급등하면 곧바로 떨어지는 '지브리의 저주'에 걸린다. 지브리의 저주란 지브리 스튜디오가 제작한 애니

메이션만 방영되면 시장이 안 좋아지는 현상을 뜻한다.

IT 업종과 대조적으로 제조업이 주도가 될 때에는 어느 국면이든 진입하기가 어렵지 일단 진입하면 오래간다. 주기가 길어지고 진폭이 축소되는 안정화 기능도 강화된다. 주가도 고개를 들면 그 기간이 오랫동안 지속되는 랠리가 형성된다. 금융위기 이후 제조업 부활정책 추진과 함께 월가에서 고개를 들었던 '제조업 르네상스발 골디락스 증시'에 대한 기대가 실현되어, 2차 대전 이후 최장의 랠리가 펼쳐졌던 상황도 이 때문이다.

우려되는 것은 2021년 8월 이후 각국의 제조업 경기가 꺾이고 있는 점이다. 제조업 경기를 파악할 수 있는 구매자관리지수(PMI)가 '세계의 공장'이라 불리는 중국부터 '50' 이하로 떨어졌다. 이 지수가 '50' 이하라는 건 경기가 침체국면에 빠져들고 있다는 의미다. 아직까지 50 밑으로 떨어지지 않았지만 미국, 유럽, 일본뿐만 아니라 한국, 베트남 등과 같은 후발 신흥국도 하락세로 전환되고 있다.

미국과 중국 간 경제패권을 겨냥한 마찰이 오랫동안 이어지면서 세계가치사슬(GVC, global value chain)이 약화하고 있는 것이 주요인이다. GVC란 '기업 간 무역'과 '기업 내 무역'으로 대변되는 국제 분업 체계를 뜻한다. GVC 약화 현상은 세계 경제 앞날에 가장 큰 변수로 작용할 가능성이 높다. 세계화가 본격적으로 진행됐던 1990년대 이후 세계교역증가율과 GVC 간 상관 계수를 추정해보면 0.85에 이를 만큼 높게 나오기 때문이다.

　Fed를 비롯한 각국 중앙은행은 주가, 부동산 가격 등 자산시장의 거품이 붕괴를 우려할 정도로 심한 데도 금융완화 정책으로 대응하고 있다. 금융위기 직후처럼 코로나 사태 이후에도 제조업 경기를 살릴 수 있을지는 지켜봐야 한다. 변수가 너무 많아졌기 때문이다. 그 결과에 따라 월가의 이색 대결인 '지브리의 저주'와 '골디락스' 간 논쟁의 향방도 결정될 것으로 예상된다.

창업자 정신이 살아 있는 기업의 힘

코로나 사태가 발생한 지 2년 가까이 되지만 세계 경제와 글로벌 투자환경을 예측하기가 더 힘들어지고 있다. 특히 코로나 사태 이전보다 영향력이 커진 심리적인 요인과 네트워킹 효과로 세계 경제와 글로벌 투자환경이 순식간에 바뀌는, 이른바 '절벽 효과(cliff effect)' 탓에 앞날을 내다보기가 더 어려워졌다.

미래 예측이 힘들어질수록 각 분야에서 차별화 현상이 더 심해지고 있다는 데 주목할 필요가 있다. 오히려 이런 때일수록 코로나 사태 이후 새롭게 나타나는 차별적 경쟁우위 요소를 포착해 선제적으로 대응한다면, 이전보다 빨리 초일류 기업에 올라서고 그 지위를 오랫동안 유지할 수 있다.

보는 시각에 따라 달리 평가할 수 있지만 코로나 사태 이후 형성되는 세계 경제와 글로벌 투자환경은 고착 정도에 따라 세 가지로 분류된다. 하나는 코로나 사태 이전부터 지속되고 있는 '글로벌 스탠더드형'이다. 다른 하나는 양대 위기를 거치면서 새로운 규범하에 뉴노멀 또는 뉴앱노멀 세계 경제와 글로벌 투자환경으로 부각되고 있으나 아직까지는 정착되지 않은 불안정한 '젤리형'이다.

이밖에 인류공영, 세계평화 등과 같은 유토피아를 지향하는 기존 질서의 반작용으로 앞으로 세계 경제와 글로벌 투자환경에 더 큰 위험요인으로 작용할 수 있는 '디스토피아(dystopia)' 현상도 빠르게 정착되고 있다. 디스토피아란 예측할 수 없는 지구상의 가장 어두운 상황 또는 극단적으로 어려운 상황을 뜻한다.

코로나 사태를 거치면서 각국과 기업은 새로운 변화에 직면해 있다. 자본주의의 위기, 세계 정치세력의 재편, 이상기후 등 환경에 대한 관심 증가, 기술 진보, 물 부족, 도덕성 상실 등이 향후 변화를 이끌 주요 동인이다. 역사적으로 변화는 창조적 파괴를 통해 세계와 기업을 더 강하게 만들어왔으나 그 이면에는 잠재적인 위험요인도 존재한다.

이럴 때 주요 트렌드 변화에 대한 이해와 고민을 통해 다가올 미래를 준비하고 새로운 위험요인에 선제적으로 대처하는 것은 아주 중요하다. 특히 코로나 사태 이후 재편되는 세계 경제질서와 글로벌 투자환경에서 각국의 위상을 정립해야 할 정책 당국자와, 새로운 환경에 적응해야 할 기업에는 생존과 직결되는 과제다.

각국 정책 당국자는 기후 변화·자원고갈·테러리즘 등 다각적인 중장기 위험요인에 직면하고 있어 단편적인 대응이 아닌 보다 근본적인 해결책이 필요한 상황에 몰리고 있다. 기업 입장에서도 친환경 라이프스타일 확대와 질적 성장 추구 등을 위한 새로운 대응전략을 마련해 나가야 한다.

코로나 사태 이후 기업 평가 잣대도 달라지고 있다. 과거 기업을 평가하는 주요 지표는 재무제표였다. 경영진은 경제적인 이윤 추구에 집중하고 투자자는 매출과 이익을 근거로 우량기업을 골라내는 것이 정형화된 기준이었다. 주가의 적정성을 따지는 방법도 주가수익비율(PER), 주가순자산비율(PBR) 등 주로 재무제표와 관련한 지표였다.

하지만 이런 기준에 변화가 감지되기 시작한 때는 인터넷 시대가 열린 1990년대부터다. 당시 나이키나 코카콜라의 사례처럼 재무제표에 없는 비(非)재무적인 이슈가 기업의 발목을 잡는 일이 자주 발생했다. 부정적인 소문은 인터넷과 각종 SNS를 타고 삽시간에 세상으로 퍼져 나가고, 부정적 편향은 매출 감소와 주가 하락 등으로 해당 기업에 되돌아오는 역(逆)네트워킹 효과가 크게 나타나기 때문이다.

이럴 때 기업이 생존하려면 미래에 발생할 수 있는 위험까지 감안해 종업원, 소비자, 주주 등을 모두 만족시켜야 한다는 차원에서 '지속 가능한 경영'이라는 개념이 제시됐다. 지속 가능한 경영이란 1989년에 열렸던 브루틀란드 회의에서 정의된 '지속 가능한 발전'이라는 개념으로 잘 알려져 있다. 지속 가능한 발전이란 미래 세대가 그들 스스로의 필요를 충족시킬 능력을 저해하지 않으면서 현세대의 필요를 충족시키는 발전계획을 뜻한다.

명확한 개념 정립을 위해 지속 가능성의 발전단계와 경영활동이라는 면에서 그 의미하는 바를 살펴봐야 한다. 지속 가능한 경영이란 경영시스템의 완전히 새로운 혁명을 의미하는 것이 아니라 경영활동에 대한 진보된 결과라고 볼 수 있다. 지속 가능한 경영의 핵심적인 의미는 궁극적으로 이 같은 이슈들이 하나의 시스템 아래 전반적인 경영활동과 의사결정 체계에 반영되는 것이다.

기업 환경에서의 지속 가능성 도전 과제가 기업 활동에 미치는 영향이 증가함에 따라, 기업 지속 가능성과 재무성과와의 연계성은 앞으로 더 강해지리라 예상된다. 전략적인 지속 가능성은 기업으로 하여금 재무 위험과 비재무 위험을 최소화할 수 있게 하며, 내부경영 효율성과 업무 효율성을 동시에 증대시켜 비용을 절감시킨다. 또 상품과 서비스의 미래 경쟁력에 대한 분석을 바탕으로 새로운 사업 영역을 제시함으로써 기업 환경 변화와 소비자 요구 변화에 대응할 수 있게 된다.

지속 가능한 경영의 핵심은 시대 변화에 따라 조금씩 달라지고 있다. 처음 제시된 1990년대에는 사회공헌활동 중심이었으나 최근에는 기후 변화에 대한 대응이나 거래처와 고객과의 상생

등 사회적 가치에 더 관심이 많다. 코로나 사태 이후에는 에너지의 희소성, 인구 고령화, 테크래시 등이 중요 의제가 되리라 예상된다.

'지속 가능한 흑자경영'은 모든 기업이 추구하는 목표다. 상장회사의 경우 "적자를 낸 최고경영자(CEO)는 죄인이다"라는 경구가 나올 만큼 더 절실하다. 이 목표를 달성하기 위해 기업은 성장동력을 개발하고 고객가치 창출과 전략을 설계하고 경영 프로세스를 개선하는 노력을 끊임없이 경주해야 한다. 하지만 베인앤컴퍼니의 연구 결과에 따르면, 지난 10년 동안 비즈니스 세계에서 이 목표를 달성해 생존한 기업은 10퍼센트도 안 된다고 한다.

왜 지속 가능한 흑자경영 달성에 실패하는가? 종전에는 그 이유를 시장점유율 하락, 경쟁 격화, 기술 진보 부진 등 주로 외부요인에서 찾았다. 그러나 코로나 사태를 거치면서 창업자정신 약화, 의사결정 지연, 현장과 괴리 등 내부요인이 더 문제가 되고 있다. 기업이 성장함에 따라 내부에 복잡성이 증가하고, 초창기 왕성했던 창조적인 문화, 임직원의 주인의식이 약화하는 '성장의 함정'이 실패 기업의 85퍼센트를 차지한다고 조사된 바 있다.

기업은 성장할수록 가장 먼저 '과부하(overload)' 위기가 찾아오면서 급속한 사업팽창에 따라 신생기업이 겪는 내부적인 기능장애에 봉착한다. 과부하 위기는 '속도 저하(stall-out)' 위기로 전이되어 기업 규모가 커짐에 따라 조직의 복잡성이 증가하고, 초창기 조직을 이끌었던 명확한 창업자의 미션이 희미해짐에 따라 성장둔화를 겪게 된다. 속도 저하 위기가 무서운 것은, 곧바로 '자유낙하(free fall)' 위기로 악화해 창업자 정신을 상실한 기업일수록 주력 비즈니스 모델의 경쟁력을 잃고 핵심 시장에서 퇴출당하는 현상이 발생하기 때문이다.

《창업자 정신(Founder's Mentality)》의 저자인 크리스 주크와 제임스 앨런은 내부요인에 따른 위기 증후군은 기업의 성장 단계별로 예측 가능하고 극복 또한 가능하다고 주장했다. 지난 10년 동안 40여 개국의 다양한 기업 사례를 통해 성장 단계별로 위기 징후군을 구조화하고 그 극복방안을 창업자 정신을 토대로 풀어내야 한다고 해결책도 제시했다.

창업자 정신은 반역적 사명의식과 현장 중시, 주인의식이라는 세 가지 특성으로 구성된다. 이 정신은 성장을 막 시작한 기업이 자신보다 규모가 훨씬 크고 경영여건이 잘 갖춰진 기존 기업에 도전할 때 가장 강력한 무기가 된다. 창업자가 직접 이끄는 기업이나 직원이 일상적인 결정과 행동방식에 준거의 틀로 삼는 규범과 가치에 창업자의 영향력이 남아 있는 기업일수록 지속 성장하며 흑자경영을 달성할 수 있다.

코로나 사태라는 새로운 환경을 맞아 한국 기업들은 미래 성장동인을 찾는 데 골몰하고 있다. 우려되는 것은 성장둔화 요인을 중국의 추격 등과 같은 외부요인에서 찾고 있다는 점이다. 한국 기업인 '스스로의 도피'다. 내부적으로 창업자 정신에 기반해 모든 조직원이 주인의식을 지녔는지, 철저하게 현장 중심적 의사결정과 사고체계를 가졌는지, 그리고 뚜렷한 고객층을 위한 반역적 미션을 가졌는지 반문해볼 필요가 있다.

창업자 정신은 모든 기업인, 특히 한국 기업인에게 희망을 주리라 기대된다. 그 어느 때보다 절실한 창업자 정신을 조직 전체에 불어넣어, 갈수록 불확실해지는 미래와 경영환경을 통제해 나간다면 궁극적 목표인 지속 가능한 흑자 경영을 달성할 수 있다. 주식 투자자 입장에서 창업자 정신이 살아있는 기업의 주식만큼 좋은 종목은 없을 것이다.

경기에 흔들리지 않는 포트폴리오
시겔형 전략

코로나 사태 이후 줄곧 주가를 비관적으로 보던 한 증권사의 리서치 센터장이 최근 낙관론으로 돌아서서, 또 다른 각도에서 화제가 되고 있다.

경기와 기업 실적, 유동성 등을 감안하면 증시 앞날은 여전히 밝지만 최근처럼 비관론자조차 낙관론으로 돌아설 때 투자자들이 해야 할 일이 있다. 증시가 붕괴될 만일의 사태에 대비해야 한다는 미국 와튼스쿨 교수 제러미 시겔의 격언처럼, 포트폴리오를 재조정해야 하는 일이다. 만약 온통 붉은색으로 물든 증시 전광판에 흥분해 뒤늦게 주식을 사다간 큰 손실을 당할 가능성이 높다. 시겔의 주장대로 성장의 함정에 빠지기 때문이다.

시겔형 전략이란 경기와 증시 상황과 관계없이 일정한 수익을 낼 수 있는 포트폴리오를 말한다. 국내에서도《주식투자 바이블》,

《투자의 미래》의 저자로 잘 알려진 시겔은 그때그때의 성장과 인기에 영합하는 종목보다 사람 냄새가 물씬 풍기는 종목에 투자하라고 권한다. 경기와 증시 상황에 따라 성장주와 인기주에 영합하다 보면 공을 많이 들이면서도 정작 투자 수익률은 낮아지는 성장의 함정에 빠지는 우(愚)를 저지를 수 있기 때문이다.

비슷한 각도에서 '코스피 지수=3000 시대'를 맞아 개인 투자자들이 포트폴리오를 짤 때 핵심이 돼야 할 부분은, 지수연동 상품 가입이다. 제아무리 날고 기는 주식 투자자나 때때로 높은 수익을 내는 투기형 헤지펀드라 하더라도 운용비용이 낮은 인덱스 펀드만큼 실적을 내지 못한다는 것은 역사적으로 반복해서 입증된 사실이다.

지수연동 상품을 토대로 보다 높은 수익을 내기 위해 투자자들은 시겔이 강조하는 'DIV'의 지침대로 개별 종목을 보유, 포트폴리오를 보완할 필요가 있다. 국내 증시에서도 어느 정도 알려진 DIV 지침이란 배당(dividend)과 국제화(international), 가치 평가(valuation)의 영문 첫 글자를 딴 종목선택 전략을 말한다.

배당을 강조하는 이유는 주식 배당금이 높은 기업이 경기가 불황이거나 증시가 망하더라도 이를 극복할 수 있는 지속 가능한 현금 흐름이 유지되는 기업이기 때문이다. 국제화는 갈수록 세계가 하나의 경제로 가는 추세를, 가치 평가를 강조하는 것은 성장 기대치에 대해 합리적으로 평가하는 기업 주식이 궁극적으로 높은 수익을 내기 때문이다.

시겔의 전략을 토대로 가상 포트폴리오를 짜보자. 만약 주식에 투자할 수 있는 여유자금이 있다면 그 자금의 50퍼센트 정도를 먼저 지수연동 펀드에 가입할 것을 권한다. 해외펀드와 국내펀드 간 비중은 펀드 가입 전체 금액의 6대 4의 비율로 글로벌 펀드에 무게를 두는 편이 바람직해 보인다.

주식연동 상품에 투자한 자금을 뺀 나머지 50퍼센트는 수익률을 더 높이기 위해 전통적으로 배당성향이 높은 기업 주식이나 부동산 투자신탁, 즉 리츠 상품에 가입할 것을 권한다. 또 글로벌 비중이 높은 거대기업이나 사업이 다각화된 다국적 기업의 주식을 매입하는 GBK, 즉 글로벌 브로커리지를 할 것을 권한다. 이들 종목을 함께 묶어 투자할 수 있는 글로벌 상장지수펀드(ETF)도 좋은 대안이다.

업종별로는 석유와 천연자원이나 제약과 필수 소비재와 같은, 사람 냄새가 물씬 풍기는 기업 주식을 고려해야 한다. 여기에 주가수익비율(PER)이 낮거나 기업 생명이 오래된 주식, 버크셔 해서웨이와 같은 세계적인 펀드들이 보유하는 주식을 참조해 포트폴리오를 구성해야 높은 수익을 기대할 수 있다.

포트폴리오를 짜고 나면 다음에 해야 할 일은 '루비콘 기질'을 발휘해야 한다는 점이다. 세계적인 슈퍼 리치뿐만 아니라 한국의 부자들도 돈을 벌 수 있는 확실한 투자전략을 선택한다면, 루비콘강을 건너면 되돌아올 수 없듯 어떤 위험이 닥치더라도 초지일관 밀어붙인다. 일반 투자자들이 가슴 깊이 새겨두어야 할 부분이다.

중앙은행 총재의 입에 주목하라
그린스펀 풋과 파월 콜

어떤 국가든 중앙은행 총재가 증시를 비롯한 금융시장에 미치는 영향력은 매우 크다. 특히 Fed 의장은 더 그렇다.

미국 증시 역사상 시장참여자들의 신뢰가 가장 높았던 Fed 의장은 앨런 그린스펀이다. 수많은 사건 가운데 1998년에 발생했던 롱텀 캐피털 매니지먼트(LTCM) 사태는 이런 신뢰 관계 형성에 결정적인 계기가 됐다. 당시 러시아 모라토리움(국가 부도) 사태로 LTCM이 파산 직전에 몰리자 국제금융시장에서는 신용경색 현상이 발생하면서 주가가 폭락했다.

이때 세 번에 걸친 기준금리 인하를 통한 긴급조치 덕분에 LTCM의 사태가 극적으로 해결됐고, 시장참여자들은 외부충격을 흡수한 그린스펀을 '세계 경제 대통령'이라 부를 정도로 맹신했다. 위험을 상쇄하는 이런 능력 때문에 증시 침체로부터 옵션 보유자를 보호하는 풋 옵션과 같다는 의미로 '그린스펀 풋 (Greenspan put)'이란 용어까지 등장했다.

당시에는 1990년대 후반처럼 수확 체증의 법칙이 적용되는 정보기술(IT) 발달로 네트워크만 깔면 공급능력이 확대돼, 성장률이 높아지더라도 물가가 오르지 않는 신(新)경제 골디락스 국면에 나타나 증시 기초여건이 그 어느 때보다 견실했다. 이 상황에서 그린스펀 풋까지 가세됨에 따라 저가 매수에 대한 기대가 높아졌다. 당시의 시장참여자들은 좋은 주식을 저렴한 가격에 매입할 기회가 도처에 깔려 있다고 생각했다.

그린스펀 전 Fed 의장만큼은 안 되지만 요즘 들어서도 현재 제롬 파월 Fed 의장의 인플레이션에 대한 언급 수위에 따라 세계 증시가 요동을 친다. 인플레이션 우려로 테이퍼링과 금리인상 가능성이 높아지면 '파월 충격(Powell's shock)'이라 할 정도로 주가가 급락하고, 반대로 인플레이션이 통제 가능해 테이퍼링과 금리인상 우려가 줄어들면 '파월 효과(Powell's effect)'라 할 정도로 주가가 급등한다.

문제는 불과 하루 이틀 간격으로 이런 현상이 너무 자주 교차되면서 증시참여자들이 파월 의장에 대해 느끼는 감정이 갈수록 비우호적으로 바뀌고 있다는 점이다. 실제로 증시참여자들이 느끼는 피로도를 알 수 있는 금융스트레스 지수를 구해보면, 물가지표가 크게 올라간 2021년 4월 이후 지속적으로 올라가는 추세다.

만약 이런 현상이 지속될 경우 파월 의장에 대한 시장참여자들의 신뢰는 조만간 추락 단계에 진입할 확률이 높다. 벌써부터 뉴욕 월가에서는 그린스펀 풋과 대비시켜 '파월 콜(Powell's call)'이라는 용어까지 등장하고 있다. 잦은 말바꿈으로 시장참여자들이 느끼는 피로가 누적될 경우, 옵션 보유자를 보호하지 못해 만기 이전이라도 권리행사를 촉진시키는 콜 옵션과 같은 뜻으로 사용되는 것이다. 앞으로 파월 콜이 발생하면 설령 경기나 기업 실적과 같은 기초여건이 좋다 하더라도 보유 주식이 출회돼, 증시는 본격적인 조정 국면에 빠질 것으로 예상된다.

결국 그린스펀 풋과 파월 콜이란 시장 참여자들의 신뢰 여부에 따라 중앙은행 총재의 운명이 엇갈릴 수 있다는 점을 시사한다. 증시를 비롯한 금융시장 안정이라는 본연의 책임을 다하면 시장참여자들이 신뢰를 바탕으로 그린스펀처럼 Fed 역사상 최장수 의장을 맡을 수 있도록 밀어주고, 반대인 경우 시장참여자들의 부름에 따라 임기 이전이라도 중앙은행 총재직을 내놓을 수밖에 없다는 뜻이다.

우리의 관심사는 이주열 한국은행 총재에게는 어떤 용어가 따라붙을 것인가 하는 점이다. 부자들의 생각은 '이주열 콜'보다 '이주열 풋'이라는 용어가 붙어 증시가 한 단계 뛰어올라 재산이 불어나길 바라는 것이다. 긍정적인 마인드도 돈을 벌 수 있는 큰 힘이라고 생각한다.

위드코로나 시대의 증시 예측
좀비론과 숙취 현상

코로나 사태를 맞은 지 2년이 가까워지면서 잇달아 수정 발표되는 세계 경제 예측보고서를 자세히 들여다보면, 정책 면에서는 '좀비론'과 증시 면에서는 '숙취(hangover) 현상'을 우려하는 시각이 늘었다.

'좀비'란 조직이론에서 나온 용어다. 직장에 출근하지만 기업의 궁극적인 목적인 이윤 창출에는 전혀 기여하지 못하는 근로자를 뜻한다. 모든 정책은 정책당국의 신호대로 정책수용층이 반응해야 의도했던 효과를 거둘 수 있다. 잘 작동되지 않는다면 위기 극복은 그만큼 지연되고 세계 경제는 다시 침체국면을 맞을 가능성이 높다.

그 정도가 가장 심한 국가는 일본이다. 1990년대 이후 거듭된 정책실패가 가장 큰 요인으로, 마이너스 기준금리와 GDP의 270

퍼센트에 달할 정도로 세계에서 가장 많은 국가채무 등이 좀비 국면을 설명하는 후유증이자 상징물이다. 경제 구조적으로는 정책 함정, 유동성 함정, 불확실 함정, 구조조정 함정, 부채 함정 등 5대 함정에 장기간 빠져 있다는 점도 주요인이다.

모든 위기국은 자체적으로 해결할 수 있는 단계를 넘어서면 불가피하게 외부수혈을 받게 된다. 바로 구제금융이다. 구제금융 수혈 이후 'IMF 신탁통치'니 해서 국치(國恥)를 겪게 되지만, 한편 위기를 벗어날 수 있는 마지막 기회이기도 하다. 구제금융을 받은 대가로 위기 극복 의지를 국제적으로 보여주는 길이기 때문이다. 하지만 대부분 구제금융 수혈국 국민들은 고통을 분담하기보다 금을 사재기하기 위해 줄을 서는 웃지 못할 촌극을 펼치곤 한다.

모든 경제현상은 악화가 양화를 구축하는 '그레샴의 법칙'이 잘 통용된다. 유럽 국가처럼 무늬만 회원국(bad apples)과 건전한 회원국(good apples)을 '통합'이라는 한 바구니에 담아놓으면 오히려 건전한 회원국들까지 썩게 된다. 2011년 유럽 재정위기가 이후 10년 이상 장기화됨에 따라 건전한 회원국들까지 전염되는 임계상황이 벌어지면서, 2016년에는 영국이 EU(유럽 연합)를 탈퇴하는 직간접적인 계기가 됐다.

코로나 사태를 맞은 지 2년 가까이 되면서 소비가 회복되고 있지만 미국, 한국을 비롯한 주요국에서 좀비론에 대한 우려가 고개를 들고 있다. 우리에게도 잘 알려진 스티븐 로치 전 모건스탠리

회장이자 현 예일대 교수는 이미 오래전에 미국 경제 앞날의 최대 적(敵)으로 '좀비 소비자'를 꼽았다. 국민소득 기여도에서 민간 소비가 70퍼센트가 넘는 미국 경제 구조상 정책당국의 의도대로 소비자가 반응하지 않는다면 이보다 더 큰 문제는 없다.

소비지향 생활 패턴의 전형으로 여겨졌던 미국 소비자들이 좀비 현상을 보이는 것은 디레버리지 행위 때문이다. 금융위기로 한차례 심한 경제난을 겪었던 미국 국민들은 코로나 사태를 맞아 국난 극복 지원금까지 소비하지 않고 저축하고 있다. 헤지펀드 업체인 시브리즈 파트너스의 더글러스 카스 대표는 미국 국민의 디레버리지 행위에 대해 '스크루(screw)', 즉 '쥐어짠다'라는 표현까지 쓴다. 미국은 경제 면에서 '절약의 역설'이 나타나는 대표 국가다.

우리 내부에서도 '코로나 사태 이후 제대로 된 정책이 제때 나오지 않는다'라는 비판이 많다. 앞으로 어떤 대책을 추진하든 의도한 효과를 내려면 정책 수용층의 협조가 절대적으로 중요하다. 이런 상황에서는 2022년 3월에 예정된 대통령 선거를 겨냥한 포퓰리즘 정책이 쏟아진다면 우리 경제도 좀비 국면에 처할 가능성이 높아진다.

경제 실상이 반영되는 증시도 마찬가지다. 국내 증시만 하더라도 삼성전자, 현대자동차 등과 같은 일부 대표기업을 제외한 코스피 지수는 2021년 하반기 들어 수많은 재료에도 크게 변한 것이 없다. '좀비 증시'의 조짐이다. 일부에서는 주가가 시원스럽게 떨어지지 않으면서 조금씩 하락하는 '숙취 현상'이라 부르기도 한다.

　당면한 좀비론과 숙취 현상을 동시에 해결하려면 각국의 정책 당국에 대한 신뢰를 바탕으로 정책 수용층들이 자발적으로 협조하는 정책 반응 메커니즘을 복원하는 일을 대부분 예측기관들이 최우선 과제로 꼽는다. 한국의 경우 부자들일수록 이런 요구가 강하다. 깊이 돌아봐야 할 대목이다.

2030년대에 뜰 한국 주식

"세계 인구는 20세기 이후 120년 동안 지속된 팽창 시대가 마무리되고 감소 국면에 접어들었다" "돌이킬 수 없는 인구통계학적 변화가 앞으로는 정치, 경제, 사회, 문화 등 모든 분야에 지금까지 볼 수 없었던 빅 체인지를 몰고 올 것"이라는 보고서가 연일 쏟아져 나온다.

최근 세계 인구절벽 논쟁에 중심에 선 국가는 중국과 한국이다. 10년마다 조사하는 중국의 인구 센서스 통계 발표를 앞두고 영국의 경제 전문지인 〈파이낸셜타임스(FT)〉가 "작년에 중국 인구가 감소했다"고 보도하자 중국 정부는 "사실이 아니다, 작년에도 증가했다"고 반박했지만, 최근에는 인구절벽 대책 차원에서 사교육을 금지하는 조치 등을 발표했다.

중국의 인구 증감은 세계 경제에 중요한 변수다. 2차 대전 이후 베이비붐 세대가 은퇴하고 세계화와 디지털화가 진전되면서 저개발국 등 제도권 밖에 머물던 노동력 공급이 정체되는 또 다른 '루이스 전환점'을 맞아, 중국의 인구 증감은 세계 노동력과 임금 수준을 좌우할 수 있기 때문이다.

1978년 덩샤오핑이 개방화를 표방한 이래 세계 경제는 중국 인구와의 최적 조합인 '스위트 스팟(sweet spot)' 기간을 누려왔다. 중국의 생산가능인구가 세계고용시장에 본격적으로 편입하기 시작했던 1990년대 후반 이후에는 '고성장-저물가'라는 종전의 경제이론으로 설명되지 않는 '신경제' 국면이 나타났다.

'중국 인구 감소 여부'를 놓고 벌이는 인구절벽 논쟁이 세계 경제에 최대 복병으로 대두될 확률이 높은 것도 이 때문이다. 찰스 굿하트 영국 런던대 교수가 최근 출간한《인구 대역전(The Great Demographic Reversal)》에서는 코로나 사태가 해빙될 무렵 세계 인구가 감소하면, 세계 물가에 하이퍼인플레이션 국면이 올 수 있다고 내다봤다.

중국 인구 감소에 따라 하이퍼 인플레이션 발생 여부는 각국 중앙은행의 통화정책과 국민 경제생활에 결정적인 변수로 작용할 가능성이 높다. 중국 인구 증가로 저물가 여건이 지속될 때, 각국 중앙은행은 전통적인 목표였던 '물가 안정'에 대한 부담이 줄어들었다. 이는 금융위기를 맞아 금융완화 정책을 추진할 수 있었던 바탕이 됐다.

저물가 지속 여부는 금융위기 때보다 강도 있는 금융완화 정책을 추진하고 있는 코로나 사태 이후에 더 중요해진다. 중국 인구 감소로 저물가 기조가 흔들린다면 테이퍼링을 추진할 수밖에 없다. 코로나 백신 보급으로 세계 경기가 회복의 싹이 막 돋는 상황에서 테이퍼링을 추진할 경우 재침체 국면에 빠질 수 있기 때문에 주의해야 한다.

금융위기와 코로나 사태를 거치면서 장기간 저금리 국면에 잠복해 있던 '빚의 복수'가 시작되고 자산 거품도 붕괴되는 계기가 될 가능성도 높다. 세계 빚(국가+민간)도 기하급수로 늘어났다. 국제결제은행(BIS)에 따르면 세계 빚은 2007년 113조 달러에서 작년 3분기 말에는 221조 달러로 87퍼센트 증가했다. 한국의 가계부채는 위험수위를 넘어선 지 오래됐다.

국제통화기금(IMF)를 비롯한 대부분 예측기관은 앞으로 세계경제가 빚 부담을 연착시키지 못할 경우 복합 불황이 닥칠 것이라고 경고해왔다. 기준금리 등 정책수단이 제자리에 복귀되지 않은 여건에서 자산 거품이 붕괴되면 경제주체들의 부채상환능력이 떨어지고 정책대응마저 쉽지 않아 1990년대 일본 경제의 전철을 밟을 수 있기 때문이다.

인구구조 변화에 따른 우리 가계의 소비지출 추이를 보면 전체 소비는 1980년 이후 2020년까지 연평균 10퍼센트 정도 증가했다. 품목별로는 교육, 교양·오락, 교통·통신 등 선택적 성격의 소비지출이 늘어난 반면 식료품 등 의식주 관련 필수적 소비지출은 낮은 증가세를 보였다. 특히 최근 들어 보건·의료와 교육비 지출이 급증하고 있다는 점이 주목된다.

이를 토대로 한국은행이 추정한 소비함수를 이용해 오는 2030년에 예상되는 부문별 소비구조를 2008년과 비교해보면, 식료품, 광열·수도 등의 소비지출 비중은 낮아지고 교육, 교통·통신, 보건·의료, 기타 소비 등의 비중이 높아지는 것으로 추정됐다. 이는 인구구조 변화가 대부분 품목에서 소비지출 변화에 큰 역할을 한다는 점을 시사한다.

2030년 소비지출액이 2008년과 같다는 전제하에 산업연관표의 생산유발계수를 적용해보니 인구구조 변화에 따른 생산액 유발액이 3조 원 이상 늘어날 것이라고 한다. 산업별로는 교육부문이 무려 7조 원 이상 급감하는 반면 금융·보험 등 기타 서비스는 5조 원, 보건·의료는 4조 원, 교통·통신 1조 2천억 원 등 대부분 서비스부문의 생산이 늘어날 것이라고 추정됐다.

인구구조 변화에 따른 산업별 고용창출능력을 추정해보면 교육부문은 오는 2030년이 되면 약 25만 개 이상 일자리가 줄어드는 것으로 나타났다. 반면 금융·보험 등 기타 서비스에서 5만 개, 보건·의료 4만 개, 도소매 3만 5000개, 교양·오락 1만 개, 교통·통신 1만 2000개 등으로 일자리가 상대적으로 적게 창출될 것이라는 전망이 나왔다.

우리 성장에 직결되는 부가가치는 인구구조 변화에 따라 전체적으로 약 400조 원이 유발되는 가운데, 산업별 구성은 생산유발 규모와 유사한 것으로 나타났다. 산업별로 추정되는 부가가치를 보면 인구구조 변화로 2030년에는 금융·보험, 부동산·상업서비스, 공공행정·국방, 사회복지 서비스 등 서비스 분야에서 GDP 기여도가 높아질 것으로 예상됐다.

향후 인구구조 변화에 따른 소비지출과 이에 따른 생산유발액, 고용창출인력, 부가가치액 등을 감안하면 금융·보험업, 보건·의료, 교양·오락, 교통·통신, 석유화학 등이 가장 유망한 것으로 나온다. 투자자들은 이들 업종과 위기 이후 새롭게 형성되고 있는 녹색·모바일·임팩트 등 3대 혁명과 관련된 주식에 투자하면 의외로 좋은 결과를 얻을 수 있다.

인구구조 변화를 따져볼 때, 자산가격과 실물경제를 진단하고 예측하는 인구통계학적 이론이 다 맞는 것은 아니다. 하지만 우리나라는 중국과의 경제 교류 비중이 높고 세계에서 가장 출산율이 낮으며 고령화 속도가 빠른 국가다. 우리만큼은 가시권에 들어오고 있는 인구절벽에 따른 충격에 대비해야 할 때다.

개인 차원에서도 코로나 사태 이후 새로운 트렌드로 자리를 잡아가는 'K자형 양극화' 시대에서는 분야에 관계없이 남과 확실히 구별되는 전문지식과 능력을 겸비해야 한다. 재테크에 성공하고 더 행복하게 살아갈 수 있는 길이다.

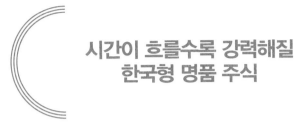

시간이 흐를수록 강력해질
한국형 명품 주식

코로나 사태가 최악의 상황을 지나고 경기가 좀 풀려서인지 명품을 찾는 이들이 다시 늘어난다고 한다. 주식시장에서도 10년 묻어두면 부자가 되고 20년 후에는 노후대비가 되면서, 30년 후에는 자녀에게 상속도 가능한 이른바 명품 주식을 찾는 투자자들이 부쩍 늘어나는 추세다.

뉴욕 월가에서 명품 주식을 고를 때에는 워런 버핏의 투자이론이 많이 활용된다. 버핏은 철저하게 잘 아는 기업의 주식에만 투자하기로 정평이 나 있다. 독과점 지위에 있는 기업의 주식을 더 선호한다. 가격을 결정할 때 우월한 지위에 있다면 비용 등을 소비자에게 전가할 수 있어 안정적인 수익 창출이 가능하기 때문이다.

주목해야 할 것은 주식을 사고팔 때 전문가들 모두 '충분히 기다릴 것'을 강조한 점이다. 아무리 마음에 드는 주식이라도 그 기업의 주가가 내적 가치보다 떨어질 때까지 기다려 매입하고, 일단 매입한 주식은 주가가 기업가치를 반영할 때까지 기다려서 팔아야 높은 수익을 얻을 수 있다고 보기 때문이다.

버핏의 이론대로 주식에 투자한다면, 한 나라의 증시가 '기업의 자금조달과 개인의 건전한 재산 증식의 창구'로 발전하는 데에도 도움이 된다. 오늘날 미국 증시가 세계 증시를 지배할 수 있었던 결정적인 계기가 된 시점이 버핏이 활동하기 시작하던 때와 일치하는 것도 이 같은 사실을 간접적으로 증명한다.

국내 증권사들은 버핏의 이론을 적용해 10년 묻어두면 부자가 될 수 있는 주식으로 삼성전자·삼성전기·삼성바이오로직스·현대자동차·현대모비스·LG전자·SK·한화에어로스페이스·네이버·카카오 등을 꼽았다. 이처럼 삼성, 현대, LG, SK 등 4대 그룹과 빅테크 기업의 주식이 추천된 것은 우리 나라 인구 구성과 독점 지위를 감안한 결과로 풀이된다.

앞으로 20년 뒤 노후대비가 될 수 있는 종목으로는 삼성전자·삼성물산과 같은 삼성 그룹주와 KB금융·하나금융·CJ제일제당·네이버 등 과거 배당실적이 좋았던 종목 그리고 SK텔레콤·삼성화재 등 법정준비금을 많이 적립해놓은 종목이 추천됐다. 한마디로 노후대비는 배당성향이 높은 '코스피의 개(The dogs of Kospi)'가 될 수 있는 종목이 대부분이다.

마지막으로 30년 뒤 자녀에게 상속이 가능한 종목으로는 네이버·현대모비스·삼성전자·LG전자·SK·CJ제일제당·고려아연·한화시스템 등을 많이 꼽았다. 국내 증권사들이 이들 종목을 자녀 상속에 적합하다고 본 이유는, 확실한 브랜드와 시장지배력을 갖고 있어 한번 사면 죽을 때까지 팔지 않아도 되는 이른바 '원 디시전(one-decision) 종목'이기 때문이다. 2021년 12월 현재 상장을 준비 중인 LG에너지솔루션이 3개 분야 모두에 꼽힌 점 역시 눈여겨볼 필요가 있다.

결국 현재 상장된 종목을 기준으로 앞으로 부자와 노후대비, 자녀상속이 동시에 가능한 한국의 명품 주식으로는 삼성전자·네이버·LG에너지솔루션 등을 꼽을 수 있다. 요즘 들어 증시 움직임에 부화뇌동해 주식을 사고파는 투자자들에게는 많은 시사점을 던지는 결과다. 10년, 20년, 30년 뒤에 묻어둘 종목으로 그 어떤 경우든 증권주는 선정되지 않았다. 증권사뿐만 아니라 한국 증시 발전에 많은 생각을 갖게 만드는 점이다.

세컨더리 M&A 시장이 커진다
체리 피킹 투자기법

코로나 사태를 맞은 지 2년이 가까이 되는 시점에서 각종 예측이 마치 봇물 터지듯 잇따르고 있다. 그중에서 가장 눈에 띄는 것은 '앞으로는 세컨더리 인수·합병(M&A) 시장으로 돈이 가장 몰릴 것'이라는 예측이다. 부자들의 안목도 이곳으로 빠르게 이동하는 추세다.

M&A 시장은 거래되는 매물의 성격에 따라 '프라이머리 M&A 시장'과 '세컨더리 M&A 시장'으로 구분한다. 전자는 정상적인 기업이 거래되는 시장을 말한다. 후자는 부실기업이 거래되는 시장으로, 대형 금융위기일수록 그 극복이 마무리되는 시점에서 어김없이 큰 장(場)이 섰다. 최근처럼 테이퍼링과 같은 출구전략이 시작되는 때와 맞물린다.

2022년이면 코로나 사태가 발생한 지 3년째 접어든다. 특정국 금융위기는 '유동성 위기→시스템 위기→실물경기 위기' 순으로 극복해야 한다. 위기에서 완전히 벗어나는 단계를 10부 능선이라고 한다면 7부 능선을 지날 때부터 출구전략을 마련하는 것이 바람직하다. 2021년 2월 이후 테이퍼링 논의가 계속되는 것도 코로나 사태가 이 단계에 와 있다는 판단에서다.

경영권 탈취 목적 여부에 따라 '우호적 M&A'와 적대적 'M&A'로 나눌 때 세컨더리 M&A 시장에서 이뤄지는 모든 거래는 적대적 M&A가 될 수밖에 없다. 경제 시스템적인 측면에서 부실기업이 거래되는 것은 금융위기 등으로 낀 슬러지가 청소(clean)되는 성격이 짙기 때문이다. 세컨더리 M&A 시장을 '하이에나'로 비유하는 것도 이 때문이다.

코로나 사태를 거치면서 나타난 많은 변화 가운데 기업 간 차별화가 심화된 점이 눈에 띈다. 위기를 기회로 바꾼 기업들은 자금을 주체할 수 없을 정도로 많이 보유하고 있다. 보유 형태도 금융위기 이후 '제로(또는 마이너스)' 금리정책과 수익률 하향 평준화 현상과 맞물려 자체적으로 현금을 보유하고 있는 경우가 대부분이다.

하지만 경쟁력이 취약했던 기업들은 코로나 사태를 거치면서 더 심각한 자금난에 봉착한다. 초기에는 코로나 사태 이전에 축적해 놓았던 자산으로 버틸 수 있었으나 해가 갈수록 한계에 봉착하면서 급격히 부실해지고 궁극적으로는 세컨더리 M&A 시장에 매물로 나온다. 2021년에 M&A 거래액이 사상 최고수준을 기록하겠지만 2022년에는 더 늘어날 것이라 예상되는 것도 이 때문이다.

최근처럼 라이프사이클이 짧아지는 시대에는 창업하거나 기업이 한 단계 도약할 때 전통적인 방법을 고수하다간 성공할 확률이 낮다. 오히려 세컨더리 M&A 시장에서 잠재적인 경쟁력이 높은 부실기업을 인수하는 것이 성공할 확률이 높다. 특히 코로나 사태 이후처럼 경기순환 순응성이 심해지는 때에는 더 그렇다.

재테크 관점에서 세컨더리 M&A 시장 투자만큼 양면성이 심하게 나타나는 것도 없다. 잠재성이 높은 부실기업을 인수한 기업에 투자하면 의외로 큰 수익을 낼 수 있다. 부실기업이 매물로 나올 때 묵혀 있던 무형의 가치(기업문화, 훈련된 인력, 거래처 등)가 좋은 기업에 인수되면 한꺼번에 되살아날 수 있기 때문이다.

세컨더리 M&A 시장에 투자하는 것은 또 다른 의미에서 체리피킹 투자기법이다. 워런 버핏 등이 가장 즐기는 이 기법은 마케팅 분야에서 많이 활용하다가 최근에는 금융권에서 가장 많이 사용하는 용어다. 코로나 사태 등으로 경제여건이나 기업가치에 비해 과도하게 떨어진 주식만을 골라 투자하면 후에 큰돈을 버는 것을 뜻한다.

하지만 부실기업을 잘못 인수한 기업에 투자하면 한순간에 투자금액을 잃을 수 있다. 부실을 낳게 한 요인들은 그 성격상 악화가 양화를 구축하는 '그레샴의 법칙(Gresham's law)'이 적용돼 전염

효과가 강하게 나타나기 때문이다. 우리의 경우도 욕심을 부려 무리하게 부실기업을 인수했다가 동반 부실로 이어지면서 '바이 백(buy back)' 즉 토해내는 사례가 의외로 많이 발생했다. 대우 건설을 인수했던 금호그룹이 대표적이다.

2022년처럼 세컨더리 M&A 시장이 활성화되는 때에 부실기업이 아니더라도 회사채나 기업어음(CP) 등에 투자할 때 꼭 새겨둬야 할 덕목이 있다. 특정 기업이 자금난에 시달리면 일단 투자한 자산은 회수하는 것이 바람직하다. 제값으로 잘 거래되던 자산도 기업이 자금난에 시달린다는 소문이 들리면 거래되지 않고 헐값으로 팔아야 하기 때문이다.

좋은 기업일수록 자금조달 금리가 낮아지는 것이 정상이다. 눈에 익은 기업이 고금리로 회사채를 발행한다면 자금조달에 어려움을 겪고 있음을 알 수 있다. 이때 고금리 유혹에 빠져 그런 기업에 투자하는 사람을 칼날 위를 타는 무속인으로 비유하곤 한다. 무속인이 칼날 위에서 떨어지면 깊은 상처가 나듯이, 투자자는 하이먼-민스크의 리스크 이론대로 어느 날 갑자기 모든 재산을 잃게 된다. 부자들이 가장 경계하는 대목이다.

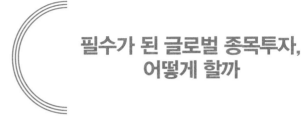

필수가 된 글로벌 종목투자, 어떻게 할까

코로나 사태를 맞아 유독 많이 거론되는 주식투자 관련 용어 중의 하나가 'GBK(Global BroKerage)'다. GBK란 국내 종목투자, 즉 BK(BroKerage)에서 벗어나 전 세계 기업을 대상으로 직접 종목에 투자하는 방법을 의미한다. 국내 증시에 GBK가 도입된 지 4년이 지났지만 최근 들어 왜 더 각광받는 걸까? 특히 부자들이 GBK에 더 주목하는 이유는 무엇일까?

세계화는 크게 세 가지 단계로 이뤄진다. 먼저 정부 차원에서 각국 간 다른 제도와 규범 등을 통일시켜 글로벌 스탠더드를 만드는 일이다. 그 토대 위에 '가치(value)'를 창출하는 기업과 금융사가 해외로 진출한다. 투자대상이 밖으로 나간다면 그것을 목표로 하는 주식 투자도 따라가야 높은 수익을 거둘 수 있다.

GBK는 환율, 세제, 정보 취득 등에서 BK보다 어렵다. 한국처럼 GBK의 초기 단계에서는 더 그렇다. 하지만 반드시 가야 할 길이다. 어렵지만 반드시 가야 할 투자 여건에서 주식 투자자가 선택할 수 있는 최선책은 자본주의 본질에 충실히 하는 방안이다. 증시는 자본주의의 본질이 가장 잘 반영되는 꽃이기 때문이다.

가정 먼저 새롭게 떠오르는 기업을 주목해야 한다. '희망 반 두려움 반'으로 맞았던 뉴 밀레니엄 시대에 들어 지금까지 나타난 모습을 보면 서브프라임 모기지 사태, 유럽 재정위기, 코로나 사태와 같은 예외적인 상황이 잇달아 발생하고 있다. 희망을 던져주는 것은 각종 위기가 많이 발생할수록 새로운 차별적인 경쟁우위 요소가 나타나고 있다는 점이다.

코로나 시대에 각국 간 성장에서 가장 먼저 눈에 띄는 것은 거시정책 기조가 분배보다는 성장을 우선하는 국가일수록 높은 성장세를 유지하고, 상대적으로 분배요구와 노조가 강한 국가는 성장률이 낮다는 점이다. 경제운영 원리 면에서도 어려울 때일수록 경제주체에게 창의와 경쟁을 최대한 독려하는 국가일수록 성장률이 높다.

인구수가 많지만 그중에서도 경제 연령이 젊은 국가일수록 성장세가 빠르다. 중국에 이어 인도가 급부상하는 이유다. 젊은 층은 전통적으로 생산가능 인구이자 인터넷과 SNS 등에 익숙해 핵심생산인력 또는 소비계층으로 떠오르고 있기 때문이다. 정책적으로도 집중적인 지원 대상이기도 하다.

산업별로는 수확 체증의 법칙이 적용되는 정보통신(IT) 산업에 강한 국가가 자원의 희소성을 해결해줄 수 있기 때문에 성장세가 빠르다. 하지만 제조업이 받쳐주지 않을 경우 경기 사이클이 짧아진다는 점은 눈여겨볼 필요가 있다. 코로나 사태를 거치면서 미국 등 대부분 국가가 제조업을 중시하는 것도 이런 단점을 보완하기 위한 산업정책으로 이해된다.

다른 한편으로는 4차 산업혁명 시대를 맞아 선발기업은 종전에 볼 수 없었던 차별화 또는 고부가 제품을 통해 지속적인 경쟁 우위를 유지해 나가는 반면, 후발 기업은 창의·혁신·개혁·융합·통합·글로벌 등 다각화 전략을 통해 경쟁력 격차를 줄여 나갈 수밖에 없는 새로운 공급여건이 정착되는 추세다.

수요 면에서는 트렌드가 신속히 변화하면서 고부가 제품에 대한 욕구가 강해지는 반면, 이들 제품 소비에 드는 비용을 무료 콘텐츠 제공 등을 통해 줄여 나가는 이율배반적인 소비행태가 빠르게 확산되고 있다. 특히 SNS 등을 통한 인간 중심의 커넥션은 종전에는 주목받지 못했던 나눔, 기부 등 '선행'에 참여하고자 하는 욕구를 증대하고 있다.

세계인의 생활도 인터넷과 모바일이 현실 공간으로 정착되고 있다. 전자상거래, 전자화폐가 확산되면서 개인의 자유와 창의가 시대정신으로 자리 잡아가는 추세가 뚜렷하다. 이 과정에서 비트코인을 비롯한 가상화폐가 태어나고 기업 간 또는 소득 간의 차별화 현상이 심화되는 새로운 질서병도 부각되고 있다.

"2030세대들의 해외주식 거래액이 100조 원이 넘었다". 2021년 8월 27일 〈한국경제신문〉 1면에 실린 기사를 보고 모두 놀랐을 것이다. GBK가 도입된 지 불과 4년이란 짧은 기간 안에, 그것도 젊은 세대들이 주축이 돼 이룬 결과이기에 우리 자본시장 앞날에 커다란 의미가 있다. 젊은 세대들은 급변하는 글로벌 투자환경을 잘 읽고 있기 때문이다.

GBK의 급신장에는 크게 두 가지 요인이 있다. 하나는 '하나의 세계·하나의 시장·하나의 경제'라는 표현이 나올 만큼 기업 활동과 투자 범위가 이제는 평평한 운동장이 됐기 때문이다. 코로나 사태 이후 진전되고 있는 디지털 콘택트 시대에서는 더 그렇다. 지금은 국내와 해외를 구별하는 것이 오히려 어색할 정도다.

다른 하나는 각국이 추진하는 산업정책의 대전환 때문이다. 금융위기 이전까지 각국의 산업정책은 임금 등 비용 여건이 낮은 입지를 찾아 밖으로 나가는 '글로벌 화전민식 전략'을 추진했다. 하지만 10년간의 과도기를 거쳐 코로나 사태 이후에는 '리쇼오링' 정책으로 바뀌면서 밖으로 나간 자국 기업을 불러들이고 있다.

주식은 가치가 높은 기업을 찾고 쫓아가야 한다. 금융위기 이전처럼 선진국에 속한 우량기업이 밖으로 나갔던 때는 신흥국 투자가 유리했다. 하지만 코로나 사태 이후처럼 본국으로 환류될 때에는 선진국에 투자해야 높은 수익을 낼 수 있다. 세계 100대 기업에 속하는 초우량 기업은 미국이 압도적으로 많다.

자본주의 시대에 주식을 공급하는 주체인 우량과 비우량 기업뿐만 아니라 주식을 사는 주체인 고소득층과 저소득층 간 격차가 갈수록 확대되는 추세다. 코로나 사태를 거치면서 더 심해지고 있는 'K자형' 양극화 여건에서 최상의 GBK 시나리오는 고소득층이 선호하는 우량기업 주식을 사들이는 방안이다.

GBK를 통해 2030세대들이 보유하고 있는 종목을 자세히 뜯어보면 이 같은 흐름이 그대로 나타난다. 초기에는 미국과 중국에 속한 우량기업 주식을 비슷한 비율로 보유하다가 코로나 사태를 거치면서 미국의 우량기업 주식 보유 비중이 압도적으로 높아졌다. FAANG(페이스북·애플·아마존·넷플릭스·구글)에 속한 종목이 대표적이다.

2030세대들이 주도하는 GBK가 한국 자본시장 앞날에 의미가 크다는 것은 금융지식(FQ)을 바탕으로 하기 때문이다. 국제협력개발기구(OECD) 회원국 중 우리는 금융지식이 낮다고 알려져 있으나 2030세대들은 다르다. 금융지식을 바탕으로 하기 때문에 수익도 상대적으로 높다.

주목해야 할 것은 GBK가 최근 들어서는 또 한차례 진화할 움직임을 보이고 있다는 점이다. Fed을 비롯한 각국 중앙은행의 통화정책 변화와 경기 등에 '정점론'이 거론되는 전환기를 맞아 개별 종목투자가 점점 어려워지자, 글로벌 상장지수펀드(ETF)에 대한 관심이 부쩍 높아지고 있다. 특히 젊은층이 주도하고 있다는 점에서 희망적이다.

글로벌 ETF는 코로나 사태 이후 핵심산업으로 부상하는 빅테크, 방탄소년단(BTS)의 빌보드 차트 1위 등극에 따라 관심이 높아진 엔터테인먼트, 갈수록 경쟁이 치열해지는 전기차 등 요즘 테마별로 '핫(hot)하다'는 우량 종목을 한꺼번에 투자할 수 있어 종목 투자자들의 고충을 덜어줄 수 있다는 장점이 있다.

앞으로 닥칠 투자환경을 감안해 '적정 글로벌 ETF 포트폴리오'를 짜본다면 기본 골격은 빅테크 ETF, 전기차 ETF, 배터리&리튬 ETF로 구성하되, 비중은 투자자의 성향에 따라 5퍼센트포인트 범위 내에서 조절하면 무난해 보인다. 최근처럼 전환기에 레버리지형 ETF는 종목 투자자의 고민을 풀어주기보다 증폭시킬 가능성이 높다.

글로벌 ETF의 수익률은 역사와 경험, 전문인력, 축적된 데이터 등에 좌우되는 만큼 대형 운용사와 증권사를 선택해 거래해야 한다. 부자들은 글로벌 ETF 투자비중이 그 누구보다 높다. 글로벌 추세와 초불확실성이 함께 상승 작용을 일으키는 시대다. 재산증식과 노후 준비를 한꺼번에 준비하는 수단으로 일반 투자자들도 '1가구=1계좌' 글로벌 ETF를 가져가는 방안을 생각해볼 필요가 있다.

세 번째 통찰

부동산을 보는 눈

부동산 시장,
왜 전세계적으로 뜨거운가

"세계 집값이 미쳤다", "이보다 뜨거울 수 없다". 요즘 증시보다 더 뜨거운 주택시장의 현실이 녹아 있는 표현이다. 경기순환상 침체기에는 '채권', 저점 통과 전후에는 '주식', 과열기에는 '부동산'이라는 재테크 수단별 경기로 미뤄보니, 2020년 5월을 저점으로 회복국면에 진입한 코로나 경기가 벌써 과열국면에 진입한 것이 아니냐는 시각이 분분하다. 그만큼 세계 집값이 이례적으로 급등하는 추세다.

가장 큰 요인은 각국 중앙은행이 코로나 사태를 맞아 금융위기 당시보다 통화정책을 더 완화했기 때문이다. 기준금리 '제로' 정책에 따라 주택담보 대출금리가 사상 최저수준으로 떨어진 데다, 중앙은행이 최종 대부자 역할을 포기했다는 비판이 나올 만큼 유동성이 확장되어 주택시장 주변 자금이 차고도 넘치는 상황이다.

경기순환상 회복기에 접어들면 상업용 부동산 가격부터 오르는 종전과 달리 주택가격, 그것도 공동주택보다 단독주택이 많이 오르는 까닭은, 이번에는 특수요인이 결부돼 있기 때문이다. 코로나 사태 이후 재택 근무와 디지털 콘택트가 늘어나면서 도심에서 주거할 필요성이 낮아졌다. 포스트 코로나 시대에도 단독주택 선호 경향은 쉽게 꺾이지 않으리라고 예상된다.

앞으로의 집값 전망과 관련, 코로나 사태 이후 포트폴리오 차원에서 오랫동안 유지돼온 주식과 채권 간 '6 대 4' 원칙이 깨졌다는 데 주목할 필요가 있다. 미국은 우리와 달리 자본시장(주식과 채권)과 부동산 시장 간 '7 대 3' 비율이 유지됐다. 돈이 자본시장에만 머물러 있다면 주택시장은 안정될 수 있다는 의미다.

하지만 코로나 사태 이후 제로(또는 마이너스) 기준금리 정책으로 시장금리의 신호 기능이 부실해지면서 주식과 채권 간 '6 대 4' 원칙이 여지없이 무너졌다. 각국 중앙은행이 의도적으로 붕괴시켰다는 것이 더 적절한 표현이겠다. 금융과 실물 간 격리된 이분법 경제에서는 돈을 풀더라도 실물에 들어갈 확률이 적다. 따라서 주식과 채권가격이 동시에 올라가면 그 자산 효과를 통해 경기회복에 마중물을 넣으려는 의도인 것이다.

실물경기가 살아나 금융과 연계되기 시작하면 점진적으로 출구전략을 추진해야 시장금리의 신호 기능이 살아난다. 이때 깨졌던 주식과 채권 간 '6 대 4' 원칙이 복구되어야 한다. 그래야 주가와 채권가격 상승세가 집값으로 전이되는 현상을 막을 수 있다. 너무 빨리 추진하면 '에클스 실수', 너무 늦게 추진하면 '그린스펀 실수'를 저지를 가능성이 공존하기 때문에, 출구전략 추진 시기를 선택하는 문제는 통화정책에서 최대 난제로 꼽힌다.

출구전략과 같은 대변화를 모색할 때 시장에 미칠 충격을 최소화하려면 그 기준을 명확히 예고해야 한다. 코로나 사태처럼 금융완화 정도가 강할수록 더 그렇게 해야 한다. 2013년 벤 버냉키 당시 Fed 의장이 금융위기 이후 처음으로 출구전략의 필요성을 언급할 때 Fed도 이런 사안의 중요성을 감안, '일몰조항 중심', '조건충족 중심', '경제지표 중심' 등 세 가지 기준을 제시했다.

금융위기 이후에는 첫 번째 기준에 따라 1차 양적완화는 2010년 3월, 2차 양적완화는 2011년 6월, 3차 양적완화는 2014년 10월에 종료됐다. 두 번째와 세 번째 기준은 물가 상승률이 2.5퍼센트를 상회하고 실업률이 6.5퍼센트를 하회할 때다. 통화정책 시차를 감안해 두 번째와 세 번째 기준 충족이 가시권에 들어오기 시작한 2015년 12월부터 기준금리를 인상했다.

Fed가 제시했던 출구전략 추진의 세 가지 기준을 코로나 이후로 적용해보면, 양적완화에 해당하는 무제한 채권매입 정책을 정상화하는 시한은 정해지지 않았다. 두 번째와 세 번째 기준도 물가 상승률은 2퍼센트, 실업률은 3.5퍼센트로 금융위기 당시보다 더 엄격해졌다. 다만 2020년 9월에 도입한 평균물가목표제로 인해, 물가안정 목표를 지켜야 한다는 부담이 이번에는 상대적으로 줄었다.

앞으로 출구전략은 '실업률이 언제 3.5퍼센트에 도달할 것인가' 여부가 관건이 되리라 예상된다. Fed의 양대 목표의 이론적 근거가 되는 물가 상승률과 실업률 간의 음(-)의 관계를 나타내는 필립스 곡선은 금융위기를 계기로 평준화되다가 코로나 사태를 겪으면서 완전히 흐트러져 무용론까지 제기되고 있다.

특히 코로나 사태는 고소득층의 경우 '횡재 효과', 중하위 계층의 경우 '상흔 효과'로 저소득층일수록 고용 사정이 더 심각하다. 국가에서 코로나 극복 지원금을 주더라도 '코브라 효과(cobra effect)' 때문에 저소득층의 고용이 좀처럼 늘지 않고 있다. 주식과 채권가격이 거품이 우려될 정도로 고평가 논쟁에 휩싸이고 있더라도 Fed가 금융완화 정책을 고수하는 이유다.

최근 주가와 집값이 너무 올라 '또 다른 위기가 태동되는 것은 아닌지' 하는 우려 때문에 편치않은 것이 요즘 투자자들의 속마음이다. 부자들은 더 그렇다.

부동산 거품 붕괴론,
정말 현실화될까

코로나 사태 이후 세계 주택 가격이 후끈 달아올랐다. 초저금리와 양적완화를 바탕으로, 부채를 통해 부동산과 같은 실물에 투자하는 것이 유리하다고 믿는 이른바 '채무-디플레이션 신드롬(debt-deflation syndrome)'이 확산되고 있기 때문이다. 매월 주거용 집값 상승률이 발표될 때마다 미국 등 주요 국가들의 집값은 사상 최고치를 경신하고 있다.

현시점에서 세계 집값이 거품이고 그 어느 때보다 자산 효과에 크게 기인하고 있다는 점을 감안하면, 지금의 급등세가 꺾이면서 붕괴로 이어질 위험이 크다. 코로나 사태 이후 세계 경기회복은 다시 침체 국면에 빠질 가능성이 높다. Fed를 비롯한 각국 중앙은행이 출구전략 추진에 주저하는 것도 이 때문이다. 물론 한국 경기는 그 이상으로 타격을 받으리라 예상된다.

주식과 부동산 가격변화에 따라 민간소비가 증가해 경기에 미치는 긍정적인 효과를 자산 효과라고 한다. 반대의 경우 역자산 효과로 구별한다. 자산 효과는 밀턴 프리드먼의 항상소득가설과 프랑코 모딜리아니의 생애주기가설에 따른 소비이론에 근거를 둔 개념이다. 모든 가구는 생애에 걸쳐 소비를 안정적으로 유지하려는 성향을 갖고 있어, 현재 소득뿐만 아니라 미래 기대소득, 보유자산 가치 등에 의해 소비가 결정된다는 주장이다.

보유자산의 가치변동은 자산처분, 자산담보 대출 등을 통한 자금조달 경로로 소비증가에 영향을 미치며, 이는 역으로 자산가치 하락 때 소비지출 감소를 유발하게 된다. 가계소비의 자산 효과는 금융 제도 특성, 가계 자산구성, 금융자산 축적 정도, 주거형태 차이 등에 따라 차이가 나지만 일반적으로 부동산의 자산 효과가 주식의 자산 효과보다 훨씬 크다고 알려져 있다. 특히 주거용 집의 경우 그렇다.

앨런 그린스펀 전 Fed 의장은 미국 주식자산이 1달러 증가하면 소비가 3 내지 4센트 증가하는 반면, 주택자산의 소비증대 효과는 1달러당 10 내지 15센트로 최소한 주식에 비해 3배 이상 높아진다고 추정했다. 한 가지 주목해야 할 점은, 집값이 떨어질 경우 소비에 미치는 역자산 효과는 같은 폭으로 상승할 때의 자산 효과보다 더 큰 비대칭성이 존재한다는 점이다. 주택가격 하락에 따라 미래에 대한 불확실성이 증대되어 심리적으로 위축되기 때문이다.

국내 자산시장에 대해서는, 주택가격 변화에 따른 소비지출 변화의 탄력성이 0.1 수준으로 미국의 사례를 기초로 한 그린스펀의 연구와 유사한 결과가 나왔지만, 환금성이 높은 아파트의 가격 변화에 따른 소비지출변화의 탄력성은 0.23으로 전 세계에서 가장 높게 나왔다. 결국 부동산 가격이 하락하면 세계 경기, 그중에서도 한국 경기가 침체될 가능성이 높다는 뜻이다.

일단 부동산 거품이 붕괴하리라고 주장하는 이들의 논거는 다음과 같다. 갈수록 △미국, 한국 등 가계부채가 위험수위에 도달했고 △금융기관들의 주택자금 부실화가 높아지고 있으며 △정보기술(IT)→주가→달러화 가치로 이어지는 과정에서 마지막으로 남은 부동산 부문에서의 거품 붕괴 또한 필연적이라는 시각이다.

특히 부동산 거품 붕괴론이 주목을 받는 이유는, 금리 인상으로 금융비용이 증가하거나 고용사정 악화로 소득이 감소할 경우 부채가 급증한 가계를 중심으로 보유 부동산을 처분할 가능성이 높다고 보기 때문이다. Fed를 중심으로 테이퍼링 논의가 일어나는 상황에서 예의 주시해야 할 대목이다.

반면 부동산 거품 붕괴 경고에 대해 반론을 제기하는 이들은 다음과 같이 반박한다. 이번 부동산 가격상승은 실수요를 반영해 투기 징후가 거의 없고, 현 경제여건을 감안하면 당분간 금리 인상은 어려울 듯해 아직 우려할 단계는 아니라는 것이다. 미국의 경우 금리 인상은 2023년에야 가능하리라는 시각이 지배적이다.

오히려 중장기적으로 고령인구비율 증가 등 인구구성 변화로 인해 부동산 경기가 연착륙할 가능성이 높다는 견해도 대두되고 있다. 현재 미국에서 가구주 연령이 45~50세인 2천 70만 가구 가운데 76퍼센트, 35~40세인 2천 4백 40만 가구의 67퍼센트가 자가소유 가구인 점을 감안하면, 갈수록 자가소유에 따른 주택 수요가 늘어나리라는 전망을 근거로 들고 있다.

두 견해 모두 나름대로 일리 있는 주장이다. 분명한 사실은, 재료가 있는 지역은 가격이 높더라도 더 오르는 '차별화 장세(nifty-fifty)'가 이번 부동산 가격상승에서는 두드러지게 나타나지 않았다는 점이다. 투기 요인이 아니라 실수요에 따라 부동산 가격이 상승하고 있다는 점을 시사한다.

이런 점을 감안하면 세계적으로 부동산 거품에 대한 전망은 그리 비관적이지 않다. 미국, 영국, 호주 등 이른바 세계 부동산 시장의 '빅3'라는 국가들의 부동산 가격이 금리 인상을 계기로 떨어지더라도, 급락할 가능성보다는 부동산담보대출의 차환(借換)이 둔화하면서 부동산 가격상승 폭이 낮아지는 이른바 '질서 있는 진정국면(an orderly calming down)'으로 이어지리라 예상된다.

과거 거품이 우려될 때에도, 부동산 가격이 하락해도 평탄한 고원(高原)에 머무는 경우가 많았다. 부동산 거품 붕괴에 따른 세계적인 자산 디플레와 세계 경기의 침체 국면전환 그리고 우리 경기의 일본식 장기침체에 대한 우려가 일부 존재하나, 현재로서는 그 가능성이 낮다.

헝다그룹 파산 위기와
한국의 부동산 시장

매년 9월이 되면 위험, 공포, 디폴트 등과 같은 기분 나쁜 용어가 많이 들린다. 1970년대 이후 '행복 도취(euphoria)'와 같은 기분 좋은 용어를 불러왔던 9월은 다시 오지 않았다. '9월 낙인 효과(September Stigma Effect)'라는 용어까지 생겨났다. 낙인 효과를 우려하는 대상이 갈수록 부동산 시장으로 맞춰지고 있다는 데 주목해야 한다.

　매년 여름 휴가철이 끝나는 9월은 정책이나 시장 입장에서 특별한 의미가 있는 달이다. 세계 경제를 주도하는 미국에서는 10월부터 시작되는 회계연도를 앞두고 재정정책 방향을 잡고 회계연도상 마지막 9월 Fed 회의에서는 통화정책도 조율된다. 새로운 정책 방향에 따라 시장 참여자도 매수와 매도 포지션을 결정하는 과정에서 예기치 못한 사태가 발생한다.

올해처럼 '○○○1년'이 걸리는 9월에는 10년마다 위기가 반복돼왔다. 반세기 전인 1971년에는 2차 대전 이후 지속되던 브레튼우즈 체제의 균열이 정점에 도달하면서 급기야 닉슨의 금 태환 정지 선언으로 이어졌다. 달러 가치를 금으로 보장하지 않는다는 것은 당시로서는 상상할 수 없는 일이라 국제금융시장은 일대 혼란을 겪었다.

1970년대 초반의 혼란이 스미스소니언, 킹스턴 체제를 거치면서 안정을 찾을 무렵 2차 오일쇼크로 1981년에는 스테그플레이션 위기가 닥쳤다. 1970년대 말까지 주류 경제학이었던 케인스 이론으로도 설명하기 힘든 상황이 발생하면서 대처도 불가능했다. 침체를 막기 위해 총수요를 늘리면 물가가 앙등하고 물가를 잡기 위해 총수요를 줄이면 경기가 더 침체되기 때문이다.

수급 이론으로 설명되는 경제 현상이 공급측 요인으로 바뀌면서 정책 대응도 전환됐다. 1980년대 초로서는 획기적인 발상인 아서 래퍼 곡선을 바탕으로 한 레이거노믹스, 즉 공급 중시 경제학이다. 세율 감소 등을 통해 경제효율을 증대시켜 공급 능력이 확대되면 경기도 부양되고 물가도 잡을 수 있기 때문이다.

1990년 베를린 장벽 붕괴를 계기로 친서방 정책을 표방한 사회주의 국가들이 대거 참여함에 따라, 민주주의와 시장경제를 추구한 국가만을 위주로 했던 제도적 틀이 포화점을 넘으면서 격차가 벌어졌다. 그 틈을 1991년 유럽통화위기가 파고들었다. 그 틈

사이로 1994년 중남미 외채위기, 1996년 아시아 통화위기, 1998년 러시아 모라토리엄이 이어졌다.

1980년대 초 세금 감면으로 시작된 공급 주도 성장은 1990년대 들어 네트워크를 깔수록 공급 능력이 확대되는 이른바 '수확 체증의 법칙'이 적용되는 인터넷 혁명으로 연결된다. 고성장·저물가의 신경제 신화를 구가했던 미국 경제도 2001년에 발생한 9·11 테러 사건을 계기로 증시부터 무너지기 시작했다.

뒤늦게 자산 거품의 심각성을 인식한 앨런 그린스펀 전 Fed 의장이 2004년부터 기준금리를 대폭 올렸다. 하지만 중국의 미국 국채 매입으로 시장금리가 더 떨어지는 '그린스펀 수수께끼' 현상이 발생하면서 부동산 거품은 더 심각해진다. 2008년 서브프라임 모기지 사태를 계기로 그 거품이 터지면서 2011년에는 국가신용등급마저 강등당하는 최악의 수모를 겪었다.

'○○○1년'에 걸리는 10년마다 반복되는 위기 속에 2021년 9월에도 과연 낙인 효과가 발생할지에 대한 여부에 이목이 집중되었다. 코로나 사태 이후 저금리로 부채가 늘어난 데다 자금이 너무 많이 풀린 바람에 주식과 부동산을 중심으로 거품이 심하게 끼었기 때문이다. 기다렸다는 듯 중국 헝다그룹의 파산 위기가 발생했다.

헝다그룹 파산 위기가 리먼 브러더스 사태처럼 글로벌 금융위기로 악화할 것인가가 최대 관심사였다. 이론적으로 특정국 위기가 '리먼형'으로 확대될지 '국부형'으로 수렴될지 그 여부는 두 가지 요인에 따라 결정된다. 레버리지 비율 수준과 투자 분포도다.

두 지표가 높을수록 리먼급으로 확대되고 디레버리지 대상국에서는 위기 발생국보다 더 큰 '나비 효과(butterfly effect)'가 발생한다. 2009년 리먼 브러더스 사태가 글로벌 금융위기로 확대된 이유는 위기 주범인 투자은행(IB)을 중심으로 한 미국 금융사들의 이 두 지표가 매우 높았기 때문이다.

중국은 여전히 해당 두 지표가 낮아 헝다 그룹이 파산하더라도 리먼급 위기로 이어지기보다는 그 충격이 중국과 주변국에 집중되리라 예상된다. 중국에 대한 경제 의존도가 높고 가계부채도 위험수위를 넘긴 우리로서는, '빚의 복수' 시작인 헝다그룹 파산으로 인해 2021년 9월 유포리아는 물건너갔고 2022년 이후 9월도 힘들 전망이다.

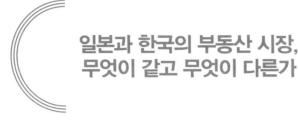

일본과 한국의 부동산 시장, 무엇이 같고 무엇이 다른가

요즘 들어 국제금융시장에서는 한국 경제가 외화 유동성 부족으로 1997년 외환위기를 겪은 이후 이번에는 부동산 거품 문제로 또다시 위기에 직면하리라는 부정적 전망이 나오고 있다. 이른바 '부동산발 잃어버린 10년'에 대한 우려다.

잃어버린 10년이란 용어는 중남미에서 유래한다. 중남미 국가들은 1980년대 중반 외채부담 과다로 위기를 겪은 후 3년 또는 10년마다 위기를 반복해왔다. 우리나라도 외환위기를 겪은 이후 외화 유동성 부족 문제는 해결했으나 국민소득(GDP)과 1인당 GDP 순위, 국가신용등급 등은 외환위기 이전에 비해 개선되지 않았거나 여전히 낮은 수준이다.

부동산 거품 문제로 잃어버린 10년을 겪은 대표적인 국가는 일본이다. 최근 들어 한국 경제에 대해 이 우려가 다시 제기되는 이유는 부동산 거품의 형성 과정이나 거품을 해소하기 위한 정책 대응이 일본의 전철을 그대로 답습하고 있기 때문이다. 문재인 정부 들어 부동산 대책만 하더라도 무려 26번 수정 발표되었다.

일단 거품 형성 원인을 살펴보자. 일본은 1980년대 중반 플라자 합의 이후 엔고(高)에 따른 경기둔화 효과를 우려해, 경기가 활황일 때 저금리 정책을 추진한 것이 부동산 가격에 불을 당겼다. 요인 분석을 통해 우리나라의 부동산 가격이 급등한 원인을 따져보면 60퍼센트 이상이 저금리 때문으로 추정된다.

문재인 정부는 부동산 가격급등 원인 중 하나로 자극적인 부동산 기사를 싣는 언론을 지적했다. 하지만 우리나라 양대 경제신문의 부동산 관련 기사와 부동산 가격 간 상관관계에 대해 그랜저 인과관계를 분석해보니, 유의미한 결과가 나오지는 않았다. 언론의 부동산 관련 기사가 부동산 가격을 촉발했다는 지적은 사실이 아니다.

부동산 가격을 안정시키기 위해 지금까지 취득세, 보유세, 양도소득세, 종합소득세 등 각종 부동산 관련 세금을 대폭 올린 방식의 정책도 일본과 유사하다. 문재인 정부 들어 2018년 11월과 2021년 8월 금융통화위원회에서 물가안정과 같은 한국은행의 전통적인 목표와 관계없이 강남을 비롯한 수도권 부동산 가격을 잡기 위해 기준금리를 올린 것도 마찬가지다. 결과는 추가적인 실물경기 침체를 몰고 왔다.

일본과 다른 점이 없는 것은 아니다. 부동산 거품이 발생한 주체가 일본은 토지와 중소부동산업자가 중심이 됐으나 우리나라의 경우 주택과 가계다. 거품 정도도 일본의 경우 정점기에 부동산총액 비중이 국내총생산(GDP)의 5.5배까지 급등한 반면 우리나라는 매년 높아지고 있지만 아직까지는 이 수준보다 낮다.

문제는 거품형성 속도가 지나치게 빠르다는 점이다. 부동산 가격이 꺾이면 우리 경기가 쉽게 장기간 침체국면에 빠질 확률이 높아 보이는 이유는, 일본의 부동산 거품이 해소되는 과정에서 10년 이상 동안 장기침체 국면을 지속시켰던 이른바 5대 함정에 우리도 이미 빠져 있기 때문이다.

5대 함정 중 정부의 의도대로 경제주체들이 반응하지 않아 정책효과가 나타나지 않는 '정책 함정'이 나타난 지는 오래됐다. 특히 경기 회복책으로 쉽게 접근할 수 있는 금리 인하 정책은 '유동성 함정'에 빠져 별다른 도움이 되지 못하고 있다. 재닛 옐런 미국 재무장관이 Fed 의장 시절 제시했던 금리 기능을 할 수 있는 실효 하한(ELB, Effective Lower Bound)을 구해 비교해보면 저금리 국면이 지속되고 있다.

정책 함정과 유동성 함정에 동시에 빠지는 가장 큰 이유는 경제주체들이 과도한 부채에 시달려 소비나 투자를 하지 못하는 '빚의 함정'에 빠져 있기 때문이다. 우리 가계부채는 위험수위인 1800조원을 넘어섰다. 경제구조를 개혁하는 문제도 최종 목표인 수익성, 경쟁력 개선 여부와 관계없이 때만 되면 구호만 외치는 '구조조정 함정'은 멀게는 외환위기, 가깝게는 문재인 정부 출범 초기부터 반복돼왔다.

어떤 나라든 이런 상황에 놓이면 불확실성이 증대된다. 기업과 민간은 투자와 소비를 늘리지 않고 예측기관들은 전망이 또 다른 전망을 불러일으키는 '불확실 또는 초불확실성 함정'에 빠진 것은 우리 경제에서도 흔하게 볼 수 있다. 코로나 사태 이후에는 그 어느 나라보다 우리가 심하다.

모든 정책은 선제적 대응이 중요하다. 일본처럼 최악의 상황은 아니지만 조금이라도 여유가 있을 때 경기에 부담을 주지 않게 부동산 가격을 질서 있게 조정해 나가거나, 이 과정에서 나타날 수 있는 시장 패닉에 대비해 다양한 완충장치(airbag)를 마련하는 데 중점을 둬야 한다.

강남 불패론이냐, 강남 필패론이냐

강남아파트 가격이 떨어질 때마다 한국 부동산 시장에 밝은 두 외국인 전문가들이 서로 상반된 주장을 해 단골 메뉴처럼 화두로 등장한다.

하나는 1993년 이후 서울 아파트를 집중적으로 연구해온 프랑스 지리학자 발레리 줄레조의 '아파트 공화국론'이다. '서울은 아파트 때문에 오래 지속될 수 없는 하루살이 도시'라는 극단적인 평가를 내릴 정도로 한국은 아파트 위주의 기형적인 주거문화를 갖고 있다는 것이 이 주장의 핵심이다.

실제로 우리는 세계 어느 나라보다 아파트 비중이 절대적이다. 전체 주택에서 아파트가 차지하는 비중은 1985년의 13.5퍼센트에서 2021년에는 60퍼센트가 넘을 설 정도로 급증했다. 우리와 국토여건이 비슷한 일본의 20퍼센트에 비해서는 3배에 달하는

수준이다. 해가 지날수록 아파트 공급은 늘어나는 추세나 단독주
택 공급은 좀처럼 늘지 않고 있다.

한국 국민이 아파트에 열광하는 것은 가장 유효한 재테크 수단
이 됐기 때문이라는 것이 줄레조의 진단이다. 1970~80년대에는
시세차익이 보장되는 분양가 통제시스템이 아파트가 중산층의
주거문화로 자리잡게 됐고, 분양가 자율화 시대에도 '아파트=재
테크' 등식이 성립돼 이 등식이 깨지지 않는 한 '강남 불패론(不敗
論)'은 이어질 수 있다고 내다봤다.

다른 하나는 일본의 경제학자인 다치키 마코토의 부동산 버블
붕괴론에 근거해 강남 아파트 가격은 반드시 떨어진다는 '강남
필패론(必敗論)'이다. 그는 '일본의 부동산 버블붕괴 과정을 볼 때
한국도 저출산·고령화의 인구구조와 기업의 해외 진출에 따른
산업 공동화 등으로 부동산 버블은 붕괴될 수밖에 없을 것'이라
고 주장했다.

특히 강남 사람을 중심으로 다른 곳은 급락하더라도 강남 아파
트 가격은 떨어지지는 않을 것이라는 '불패론'을 믿고 있으나 그
것은 큰 착각이라는 것이다. 1990년대 부동산 버블 붕괴 과정에
서 일본의 강남으로 불리웠던 도쿄의 세타가야(世田谷)의 집값이
의외로 큰 폭으로 떨어진 점을 들어 강남 아파트 가격도 반드시
떨어진다는 것이 마코토의 주장이다.

2017년 12월 13일 〈한국경제신문〉에 1면 톱 기사로 실렸던

'5대 시중은행장… 내년(2018년) 집값 15퍼센트 폭락할 수도'라는 기사가 화제가 된 적이 있었다. 현실이 되었다면 정말 끔찍했을 일이다. 나름대로 근거는 있었다. 2017년 12월 IMF가 내놓은 주택동향 보고서에서 2018년 세계주택시장의 '대붕괴(GHC, great housing crash) 가능성'을 경고했다. Fed을 비롯한 선진국 중앙은행의 통화정책 기조도 긴축으로 돌아서면 세계주택시장에 낀 거품이 붕괴될 것이라는 이유에서다.

하지만 2018년 세계 부동산 시장은 '하우소포리아(housophoria =house+euphoria)'라는 용어가 나올 정도로 호황을 구가했다. 주택가격비율(PIR)과 주택수익비율(PRR)을 산출해보면 대부분 국가에서 장기 평균치를 상회했다. 한국의 부동산 가격도 상승세가 지속되는 가운데 강남 4구가 가장 많이 올랐다.

"강남 불패냐" 아니면 "강남 필패냐". 이 문제를 부동산 가격예측에 관한 한 지금까지 가장 정확하다는 인구통계학적 기법을 통해 보더라도 마찬가지 결론이 나온다. 결국 졸레조의 아파트 공화국론을 토대로 '강남 불패론'과 마코토의 부동산 버블 붕괴론에 근거한 '강남 필패론'은 보는 시기에 따라 그 가능성을 동시에 안고 있다. 때문에 아파트 가격이 떨어질 때마다 단골 메뉴처럼 반복되는 것이 아닐까 싶다.

왜 정부의 부동산 대책은
실패할 수밖에 없을까 1

코로나 사태 이후 글로벌 리스크가 빈번하게 발생하고 있는 점을 감안하면 각국 정부의 대응에 따라 세계 경제 양상이 크게 달라질 가능성이 높다. 이 때문인지 요즘 들어 국제금융시장에서는 앞으로 부동산과 증시 흐름의 최대 적(敵)으로 '정부의 실패'를 꼽는 시각이 많아지고 있다.

이론적으로 보이지 않는 시장의 손이 본연의 기능인 자원의 효율적인 배분을 하지 못하는 경우를 '시장의 실패'라 한다. 시장이 규모의 경제와 정부의 인허가 요인으로 독과점이 되거나 완전경쟁시장이라도 외부 경제 또는 외부 불경제 효과, 공공재, 불확실성 등이 존재하면 시장의 실패가 나타난다.

한 나라의 경제가 이런 상황에 빠지면 정부가 보이는 손을 갖고 불완전한 시장의 기능을 보완한다. 정부의 보이는 손이 완전한가에 대해서는 한마디로 답할 수 없지만 각종 정책이 추진되는 과정에서 보면 정부의 실패, 즉 정부에 의한 자원 배분의 비효율성과 불공정한 현상도 자주 목격된다. 경기도 성남 대장동 부동산 개발 사태가 대표적인 예다.

정부의 실패에는 여러 원인이 있지만 '정치가(statesman)'가 아니라 '정치꾼(politician)'에 따라 정책이 결정되는 경우가 많기 때문이다. 정치꾼은 의사를 결정할 때 정권 유지, 선거공약 등과 같은 개인적인 야심이나 이해관계에 영향을 받는다. 이 경우 자원의 효율적인 배분과는 거리가 멀어지게 된다.

부동산과 같은 정책 결정에 있어서 정치꾼보다 더욱 문제가 되는 것은 관료조직이다. 양심적인 공직자도 있지만 모든 공직자가 다 공익에 충실하다고 볼 수 없다. 공직자도 사람이기 때문에 사익을 공익보다 앞세우게 되고, 이 경우 올바른 의사결정이 어렵게 된다. 이를테면 특정 지역의 부동산 대책을 강구하는 공직자가 해당 지역에 주거할 경우 자신의 재산 가치를 떨어뜨릴 수도 있는 근본 대책을 내놓기란 사실상 힘들다.

우리가 시장실패의 하나로 분배의 불공평을 들고 있으나 이 때문에 정부의 재분배 정책이 필요하다. 재분배 정책의 취지는 있는 계층을 대상으로 세금을 거둬 없는 계층의 소득을 이전하는 것이나 실제로는 있는 계층의 이익을 옹호하는 쪽으로 결정되는 경우가 많다. 'K'자형 양극화 현상이 심하게 나타나고 있는 코로나 사태 이후가 더 그렇다.

또 시장실패의 원인으로 불완전한 정보를 들고 있는데 이는 정부에도 그대로 적용된다. 정부에서 문제가 되는 불완전한 정보는 크게 두 가지로 구분된다. 하나는 경제주체 간 비대칭성 때문에 정보를 제대로 알지 못하는 경우로 '가짜 뉴스' 논쟁이 대표적인 예다. 다른 하나는 미래에 대한 불확실성이다. LH 임직원들의 내부자 정보를 이용한 부동산 투기 사건의 경제 사회적 파장은 여전히 지속되고 있다.

경제정책 성공 여부는 경제주체가 정부의 정책에 대해 어떻게 반응하느냐에 따라 다르다. 정부가 아무리 좋은 정책을 내놓더라도 정책 수용층이 의도대로 반응하지 않으면 실패하기 마련이다. 정책효과를 내기 위해서는 특정 가치와 이념에 갇혀 있는 '프레임 효과(frame effect)'보다 경제주체와 시장 반응까지 감안하는 '프레이밍 효과(framing effect)'를 중시해야 한다.

물론 정부의 실패가 있다고 정부가 시장에 전혀 개입하지 말라는 것은 아니다. 정부 개입의 비용이 시장실패의 비용보다 적으면 정부의 개입은 정당화될 수 있다. 반대로 시장실패의 비용이 정부의 개입비용보다 적다면 설령 시장실패가 있다 하더라도 정부가 나서는 것은 바람직하지 않다.

다른 어느 경제주체보다 정부가 처신하기 어렵고 정치가나 관료조직이 국민의 공복(公僕)이 돼야 하는 것도 이런 이유에서다.

분명한 것은 선진 경제일수록 자원 배분에 있어서는 '보이는 손' 보다 '보이지 않는 손'을 중시하고, 이를 위해 시장과 정부와의 관계는 '큰 정부'보다 '작은 정부'을 지향한다는 점이다.

우리나라도 정책이 제대로 추진되지 않는다는 비판을 많이 받아왔다. 5년 단임 대통령제를 추진한 이후 집권 후반기에 갈수록 더 심화되는 양상이다. 특히 문재인 정부 출범 이후 주력해왔던 '있는 계층'을 억제하고 '없는 계층'을 보호한다는 명목하에 추진하는 정책들이 오히려 없는 계층으로부터 외면당하고 있다. '총체적인 정부의 실패와 정책의 부실'로 차기 정부와 후손 세대에 엄청난 후폭풍과 비용을 몰고 올 가능성이 높다.

현시점에서 정부는 피부로 와닿지 않는 5년 후, 10년 후의 정책을 쏟아내는 것보다 그동안 추진한 정책이 왜 실패했는지를 곰곰이 따져볼 필요가 있다. 이를 토대로 앞으로 추진할 모든 정책의 기본원칙은 정부보다 시장 중심으로 되돌려놔야 한다. 동시에 기업과 국민들은 그 어느 해보다 위험관리에 신경을 써야 할 때다.

왜 정부의 부동산 대책은
실패할 수밖에 없을까 2

코로나 사태 이후 지칠 줄 모르고 상승했던 주가가 주춤하고 있다. '일시적인 조정'인지 아니면 '본격적인 조정의 시작'인지는 좀 더 시간을 갖고 지켜볼 필요가 있다. 하지만 경기와 기업 실적이 받쳐주지 못하고 있는 점을 감안하면 주가가 다시 오른다 하더라도 불안하기는 마찬가지다.

때맞춰 강남을 선두로 서울 집값 상승세가 하남, 인천, 대전, 세종 등 비규제 지역으로 확산되는 추세다. 출범 이후 2개월마다 한 번씩 지금까지 26번째 부동산 대책을 내놓았던 문재인 정부는 당혹스러워하는 모습이 역력하다. 빠른 시일 내 집값을 안정시키기 위해 추가 대책을 내놓겠다는 입장이다.

시중에 돈이 '넘쳐난다'라는 표현이 어울릴 정도로 돈이 많이 풀렸다. 금융위기 극복 과정에서 풀렸던 돈을 제대로 환수하지 못한 데다 초기 충격이 큰 디스토피아의 첫 사례인 코로나 사태를 맞아 돈이 더 많이 풀렸기 때문이다. 코로나 사태 이후 규모와 용도 여부와 관계없이 '푼다', '준다', '지원한다', '내린다'는 소리만 들렸을 뿐이다.

1987년 블랙 먼데이, 1997년 아시아 외환위기, 2009년 리먼 브러더스 사태를 거치는 동안 큰돈을 번 학습효과가 축적된 여건에서 풀린 돈이 달러, 금과 같은 안전자산으로 들어가는 데는 한계가 있다. 주식과 부동산, 부동산도 전염성이 강한 코로나 사태에 유일한 대처가 '절연(insulation)'이기 때문에 상업용 건물보다 주택시장만 투자자 눈에 들어온다.

오히려 마이너스 금리로 수수료를 내거나 제로 금리로 이자를 받지 못하는 상황에서는 여유 자금을 은행에 넣어두기보다, 있는 예금마저 빼낼 가능성이 높다. 이러한 과정을 통해 증시로 진입한 자금을 '뉴 머니'라고 한다. 코로나 사태 이후 국내 시중은행에서 예금액이 빠르게 빠져나가고 있다. 미국, 유럽, 일본을 비롯한 다른 선진국과 심지어는 중국에서조차 더 심하다.

사상 최대로 풀린 돈의 유입처가 증시와 주택시장으로 제한되면 초기에는 전자로 몰릴 수밖에 없다. 거래 단위와 편리성, 정보취득과 공유 등 투자 접근성을 따져보면 초기일수록 주식이 더 매력적이기 때문이다. 2020년 3월 이후 종전의 이론으로 이해될 수 없을 정도로 주가가 급등한 것도 이 때문이다.

그 많은 돈이 증시에 몰려 주가가 올라갈수록 차기 유망 투자처로 주택시장이 부각될 수밖에 없다. 주가 고평가 여부를 따지는 주가수익비율(PER) 등이 적정수준을 넘자 강남을 비롯한 서울 집값이 상승하고 있는 것도 같은 맥락이다. 2021년 8월 한국은행이 기준금리를 인상한 이후 집값 급등세가 미흡하지만 진정세를 보이는 것도 시중부동자금이 주택시장으로 유입되는 규모가 다소나마 줄어들고 있기 때문이다.

'경합성'과 '배제성'의 원칙이 잘 통하는 증시와 주택시장 대책은 시장에 맡겨놓는 것이 최선책이다. 두 원칙을 흐트러뜨리는 외부성이 강한 정부가 직접 개입해 규제 일변도의 대책으로 집값 안정을 추구하면 수확체감의 법칙이 크게 나타나, 의도했던 정책 효과보다 부작용만 노출될 가능성이 높다. 그땐 '정부의 실패'다.

현시점에서 주가와 주택가격이 올라야 경기부양에도 도움이 된다. 2020년 10월 이후 문재인 정부가 경기대책으로 주력하고 있는 뉴딜 정책은 적자 국채 발행에 따른 '구축 효과', 증세에 따라 경제 의욕이 떨어지는 아서 래퍼 효과, 그리고 국가채무 증대에 따른 대외신인도 저하 등으로 경기부양 효과가 의외로 적게 나타날 수 있다.

차선책으로 집값 안정대책을 추진하면 추가 규제보다는 증시를 활성화시켜 주택시장으로 유입되는 자금을 차단하는 것이 더 효과적일 수 있다. 특히 주식이 대중화될 수 있도록 발생시장에서는 스타트업과 중소기업의 상장을 용이하게 하고, 유통시장에서는 액면 분할 등을 통해 중하위 계층의 증시 접근성을 높여 나가면 소득 불균형 완화에도 도움이 된다.

외국 자본으로부터 부동산을 지켜야 하는 이유
부동산 윔블던 현상과 조기경보체제

최근 부동산 관련 이슈 중 주목해서 바라봐야 할 상황이 있다. 문재인 정부의 부동산 대책을 아랑곳하지 않고 중국인을 비롯한 외국인들이 토지뿐만 아니라 아파트 등 주거용 부동산도 사들이고 있다는 점이다. 토지와 달리 주거용 아파트 시장에서 외국인 자금에 의해 교란 요인이 발생할 경우 국민 생활에 미치는 파장도 의외로 크다.

국내 부동산 시장에서도 외국인 비중이 높아짐에 따라 거론되기 시작한 '윔블던 효과(Wimbledon effect)'란, 윔블던 테니스 대회에서 주최국인 영국 선수보다 외국 선수가 더 많이 우승하듯 영국의 금융기관 소유주로 외국인이 더 늘어나는 현상을 말한다. 그동안 국내에서는 증시를 비롯한 금융시장에서만 이 문제를 다뤄왔다.

이론적으로 부동산 시장에서 외국인 비중의 확대는 양면성을 갖고 있다. 순기능으로는 각종 부동산 서비스 개선, 부동산 제도 및 감독 기능 선진화, 그리고 국제신인도 제고 등을 꼽는다. 영국의 경우 1986년 금융 분야에서 빅뱅을 단행한 이후 초기 단계에서 윔블던 효과가 크게 우려됐으나 갈수록 순기능이 나타나면서 영국은 국제금융시장의 중심지로 다시 태어났다. 뉴질랜드도 영국과 비슷한 경로를 걸었다.

우리는 이미 윔블던 현상이 심한 국내 증시에서 나타난 영향을 통해 점차 심해지고 있는 부동산 시장에서 윔블던 현상이 미칠 영향을 간접적으로 알아볼 수 있다. 국내 증시에서 외국인 비중이 절대적으로 높아 순기능보다 역기능이 더 우려돼왔다. 즉, 외국인 자금이 우리 경제와 함께 발전하는 공생적 투자가 되지 못해 국부유출에 노출돼 있기 때문이다.

각종 부동산 정책의 무력화도 우려된다. 외국인 자금이 금융수익을 중시함에 따라 정부의 정책에 비협조적일 때가 많기 때문이다. 이 문제는 외국인 자금이 확대된 만큼 우리의 경제 주권이 약화된다는 의미와 동일하다. 국제사회에서 위기발생국에 대한 IMF의 관리체제에 빗대 윔블던 효과를 '제2의 경제신탁통치 시대'라 하는 것도 이런 이유에서다.

부동산 관련 기업의 경영권도 위협받을 가능성이 높다. 특히 글로벌 펀드들이 벌처펀드형 투자, 적대적 인수합병(M&A) 등을 통해 능동적으로 수익을 창출하는 추세가 늘어나면서 종전과 같은 수준의 외국인 비중이라 하더라도 기업이 느끼는 경영권 위협 정도는 더 심하다. 이밖에 계층 간 소득 불균형을 심화시켜 신용 불량, 자살 등 사회병리 현상을 심화할 가능성이 높다.

앞으로 부동산의 증권화가 진행될 경우 국내 부동산 시장에서도 윔블던 현상이 심화되고 이에 따라 급격한 외국인 자금 유출, 즉 서든 스톰에 따른 피해가 잦아질 것으로 예상된다. 주요 국가들의 부동산 간접투자는 리츠 위주로 성장해왔다. 국내 시장은 아직까지 그 규모가 작고 투자범위도 오피스 빌딩 중심으로 제한적이다. 주식시장대비 부동산간접투자 시장규모는 10퍼센트에 못 미칠 정도로 주요 국가에 비해 비교가 되지 않을 정도로 비중이 낮다.

특히 코로나 사태 이후 한국을 비롯한 세계 부동산 시장에서도 새롭게 진출하고 있는 행동주의 헤지펀드의 움직임을 주목할 필요가 있다. 아직까지 주류 경제학 위치에 오르지 않았지만 최근 들어 각광받고 있는 행동주의 경제학과 마찬가지로 직접 나서서 수익을 챙기는 헤지펀드를 행동주의 헤지펀드라고 한다.

행동주의 헤지펀드 실체를 이해하기 위해서는 헤지펀드가 무엇인가부터 살펴볼 필요가 있다. 헤지펀드란 1949년 미국인 알프레드 존슨에 의해 처음 만들어진 일종의 사모펀드다. 대체로 100명 미만의 소수 투자자로부터 개별적으로 자금을 모아 파트너십을 결성한 뒤 조세회피 지역에 거점을 마련해 활동해왔다.

조세회피 지역은 법인이윤과 개인소득에 대한 원천과세가 전혀 없거나 과세시에는 아주 저율의 세금이 부과되는 지역이다. 면세대상과 정도에 따라 △조세천국 지역 △조세은신 지역 △조세특혜 지역으로 구분된다. 이 중 헤지펀드가 활동하기에 가장 적합한 장소는 조세천국 지역이다.

1990년대까지 헤지펀드의 80퍼센트 정도가 조세회피 지역에서 활동했다. 세계 3대 조세회피 지역으로는 캐이먼 군도와 아일랜드, 말레이시아 북동부 지역이었다. 하지만 금융위기를 계기로 헤지펀드에 대한 규제가 강화됨에 따라 말레이시아 북동부는 싱가포르와 홍콩 마카오, 아일랜드는 룩셈부르크와 벨기에로 이동하고 있다. 캐이먼 군도는 더 성장했다.

투자전략은 '수동적' 자세가 지배적이었다. 수익을 내주는 주체는 투자대상이고, 헤지펀드는 레버리지(증거금대비 총투자 금액) 비율을 끌어올려 수익을 극대화시키는 전략을 취해왔다. 그만큼 규제가 없었기 때문이다. 1998년 러시아 모라토리움(채무상환 유예)의 직접적인 배경이 됐던 롱텀캐피털매니지먼트(LTCM)의 경우 그 비율이 100배에 달했다.

헤지펀드 투자전략에 변화를 몰고 온 것은 금융위기다. 1990년 이후 각종 위기에 직간접적으로 원인을 제공한 헤지펀드가 금융위기를 정점으로 국제금융시장에 일대 혼란을 초래했다. 헤지펀드는 수익성이 떨어지고 투자원금이 줄어드는 상황에 직면하면 투자자로부터 '마진콜(증거금 부족현상)'을 당했다.

마진콜을 당하면 '디레버리지' 현상으로 연결된다. 디레버리지란 헤지펀드들이 자신의 고객으로부터 마진콜을 당할 경우 증거금 부족분을 보전하기 위해 기존에 투자해놓은 자산을 회수하는 행위를 말한다. 이 과정에서 신용경색이 발생할 경우 주가와 부동산 가격이 하락하면서 연쇄 충격으로 국제금융시장에 커다란 충격을 미친다.

헤지펀드들이 마진콜을 당하면 먼저 신흥시장에 투자한 자금을 회수대상으로 택한다. 그 결과 신흥시장에서는 외국자금 이탈에 따라 통화 가치와 주가가 동반 하락하게 된다. 헤지펀드 위기가 발생할 때마다 선진국 시장에서는 별다른 영향이 없다가도 신흥시장에서는 엄청난 파장을 몰고 오는 나비 효과가 나타나 금융위기가 발생한다.

이 때문에 헤지펀드에 대한 규제가 직접적이고 강제적인 방식으로 전환됐다. 미국 단일금융법의 핵심이 된 '볼커 룰'에서는 헤지펀드의 상징인 레버리지 비율을 5배 이내로 엄격하게 규제했다. 헤지펀드의 대부격인 조지 소로스가 자신이 운용하던 타이거 펀드 등의 자금을 고객에게 되돌려주면서 헤지펀드 활동이 위축국면에 들어간 것도 이때부터다.

하지만 엘리엇 매니지먼트 운용자인 폴 싱어와 기업 사냥꾼으로 알려진 칼 아이칸 등은 새로운 규제환경에 적극 변신해 나갔다. '주주가치 극대화'와 '지배구조 개선'이라는 명목을 내걸고 투자대상 기업의 모든 것을 간섭하는 능동적인 자세로 바뀐 것이 행동주의 헤지펀드다. 금융위기 이후 수익률에 목말라하는 투자자가 자금을 몰아주면서 급성장하는 추세다.

엘리엇 매니지먼트가 삼성과 현대차그룹의 지배구조를 개선하라고 했던 요구를 우호적으로 보는 시각이 있었으나 이는 주가를 끌어올리는 데 도움이 된다는 판단에서 나온 조치다. 빌 애크먼의 밸리먼트와 앨러간 간 적대적 M&A, 넬슨 팰츠의 펩시 이사회와 듀톤 간 분리 요구 사례 등에서 보듯이 돈이 되면 뭐든 다 하는 것이 행동주의 헤지펀드의 실체다.

특히 '갤럭시'와 '아이폰' 시리즈로 삼성전자와 치열하게 생존경쟁을 하고 있는 애플도 행동주의 헤지펀드의 상징 격인 칼 아이칸으로부터 자사주 매입 요구에 시달려 지금까지도 응하고 있다. 애플 입장에서 주가 관리가 매우 중요했던 2016년 5월에는 칼 아이칸이 보유한 주식을 전량 처분해 곤혹을 치른 적도 있었다.

행동주의 헤지펀드에 대처하는 가장 효과적인 방안은 '주인 정신'이다. 하지만 우리 부동산 시장에서는 윔블던 현상이 심해지는 대신 주인 정신이 빠르게 약화되고 있다. 글로벌 시대에는 한국계 자금만 따지는 '은둔의 왕국' 같은 사고방식은 지양해야 하겠지만 우리 경제가 어려울 때는 백기사가 될 수 있어야 한다. 윔블던 현상과 행동주의 헤지펀드에 맞서면서 부동산 시장에서도 우리 국부를 지킬 수 있는 방안이다.

부동산 시장에서 위기 발생의 징후인 '서든 스톱'이 발생한 국가들에서 나타났던 공통적인 특징을 살펴보면, 특정국의 위기는 유동성 위기에서 시스템 위기로 악화되고 마지막으로 실물경기와 부동산 시장이 침체된다는 '위기 3단계설'이 그대로 적용되고 있다.

발생하기 전에 미리 위기에 대한 징후를 포착할 수 있다면 정책당국을 비롯한 모든 경제주체들이 사전에 대비가 가능하다. 위기가 발생하더라도 그에 따른 경제사회적 비용을 상당 부문 줄일 수 있다. 특히 세계화가 진전되고 각종 위기가 내부요인보다 외부요인에 의해 발생되는 빈도수가 늘어나는 최근과 같은 시대에 있어서는 더 그렇다. 이런 목적을 충족시킬 수 있는 방안으로 '조기경보체제(EWS, early warning system)'를 구축하는 것도 좋은 대안이 될 수 있다.

위기 발생국의 실증분석을 통해 나타난 현상을 종합하면 크게 세 가지 단계로 나눈다. 내부요인이든 외부요인에 의해 '거짓 신호'이든 '진실 신호'이든 간에 위기 징후를 가장 잘 포착할 수 있는 것은 크레디트 디폴트 스와프(CDS) 프리미엄 등과 같은 각종 위기 발생국들의 국제금융시장 프리미엄 지표다. CDS 프리미엄이 상승하기 시작해 장기 평균치에 비해 표준편차의 2배 이상 벗어나기 시작하면 외국인 자금 순유입 규모가 줄어들면서 해당국 통화 가치도 변동성이 커지거나 부분적으로 평가절하 단계에 진입한다.

그 후 상황이 더 악화돼 CDS 프리미엄이 장기 평균치에 비해 표준편차의 4배 이상 급등하면 외국인 자금 순유입 규모도 장기 평균치에 비해 표준편차의 2배 이상 줄어들면서 '서든 스톱' 단계에 들어간다. 이때 곧바로 외국인 자금이 유출되거나 유출에 대한 우려가 제기되면서 위기 발생국의 통화 가치가 본격적으로 평가절하 국면에 들어갈 경우, 외환보유액 등을 통한 시장개입과 외환시장 안정 논의가 급진전한다.

이때부터 위기에 대한 우려가 빠르게 확산되면서 해당국 통화의 평가절하 추세는 가속화돼 그 폭이 25퍼센트 이상 하락한다. 위기발생연도의 평가 절하율이 직전년도의 평가절하율을 10퍼센트포인트를 상회할 경우 외환보유액을 풀기 시작하고 실물경기 침체도 시작된다. 이후 IMF, 각국 중앙은행 등의 긴급자금 지원들이 결정되면 CDS 프리미엄부터 하락국면에 들어간다. 하지만 위기를 낳게 한 시스템을 개선하는 과정에서 실물경기는 더 침체되고 해당국 국민들은 고통을 겪는 국면은 상당기간 지속된다.

이상과 같은 위기 발생국의 공통적인 경로를 토대로 볼 때 일단 CDS 프리미엄 등 각종 위기 관련 프리미엄이 올라가기 시작하면 '거짓 신호' 여부와 관계없이 '경고 I (파란불)', 그 후 CDS 프리미엄이 장기 평균치에 비해 표준편차의 2배로 급등하고(조건 1) 외국인 자금 순유입이 줄어들면서(조건 2) 환율변동이 심하거나 상승세(조건 3)를 보이면 '경고Ⅱ(파란불→노란불)', 상황이 더 악화돼 조건 CDS 프리미엄이 장기 평균치에 비해 표준편차의 4배로 급등하고(조건 1) 외국인 자금 순유입 규모가 장기 평균치에 비해 2배 이상 감소하거나 곧바로 순유출세로 바뀌고(조건 2) 환율이 급등세(조건 3)로 돌아서면 '경고Ⅲ(노란불→주황불)', 그 후 통화 절하 폭이 직전년도에 비해 10퍼센트포인트 이상 확대되고(조건 1) 외환보유액이 감소하면서(조건 2) 실물경기 침체(조건 3)가 본격화되면 '경고Ⅳ(주황불→빨간불)'로 조기경보체제를 운영할 수 있다.

이런 조기경보체제로 볼 때 통상적으로 '경고 Ⅲ' 단계에 가면 그제야 해당국 국민들은 '경제가 잘못되고 있구나' 하는 위기감을 느낀다. 특히 우리 같은 개발도상국 국민일수록 늦게 느낀다. 그런 만큼 늦어도 '경고 Ⅱ' 정도에서만 이를 알아낼 수 있다면 사회경제적 피해를 최소화할 수 있는 것"으로 분석됐다.

조기경보체제는 예비적인 성격이 강하고 위기가 발생하면 엄청난 비용과 고통, 위기를 극복한 이후에도 오랫동안 낙인 효과가 따르는 점을 감안하면 신속하게 운용(설령 위기가 발생하지 않더라도 예비 차원에서도)할 필요가 있다. 개인의 자산 관리에서도 마찬가지다. 부자일수록 재산을 지키기 위해 그 누구보다 개인별로 독특한 조기경보체제를 활용한다.

내 집 마련을 위한
적정 투자 기준은 있다

최근 수도권을 중심으로 아파트 가격이 가히 '광풍' 현상으로 비유될 만큼 하루가 다르게 치솟았다.

주택 입지, 인구구조 등 우리의 주거여건을 감안하면 3, 4인 기준으로 적정주택 규모를 30~40평으로 보고 있다. 이 공간을 마련하는 데 근로 소득자를 기준으로 약 10년 내외의 기간이 걸린다면 그 나라 국민에게 희망과 경제 의욕을 부추기는 가장 적절한 가격이라는 것은 널리 알려진 사실이다.

한 나라의 주택시장에 낀 거품을 평가하는 잣대인 가처분소득 대비 주택가격 비율(PIR), 임대료 대비 주택가격 비율(PRR) 등을 동원하지 않더라도 현재 서울 지역에 소재한 아파트를 구하는 데 20년 이상 걸린다는 통계를 감안하면 10년 이상의 근로자 소득만큼 거품이 발생한 셈이다. 지금의 수도권 아파트 가격은 우리 국민의 근로 의욕을 꺾을 만큼 높은 것은 분명하다. 특히 젊은 세대에게는 그렇다.

우리 아파트 가격에 거품이 발생한 데는 여러 요인을 꼽고 있으나 핵심은 저금리 국면이 지속된다는 점이다. 한국 금융연구원이 테일러 준칙을 토대로 추정한 우리나라의 적정금리 수준이 2.55퍼센트인 점을 감안하면 현재 기준금리 0.75퍼센트는 낮아도 너무 낮은 수준이다. 이주열 한국은행 총재가 당분간 금리를 계속 올려 나갈 의사를 밝힌 것도 이 근거에서다.

저금리 국면이 지속되는 과정에서 은행이 주도가 된 금융사들의 실적경쟁까지 가세해, 종전에는 기업과 있는 계층을 중심으로 이뤄지던 레버리지 투자 관행이 전 국민들에게 급속히 확산되면서 아파트 가격이 급등했다. 특히 교육열까지 가세, 강남 등의 수급이 크게 흐트러지면서 이상 급등 현상이 장기간 지속되고 있다.

그런 만큼 부동산 대책은 지금까지 우리 정부가 주로 사용해온 각종 세제 강화와 직접적인 대출 규제 등과 같은 수단에서 벗어나 금리는 어느 정도 올려줄 필요는 있다. 이 전제조건이 충족된 여건에서 강남 등과 같은 가격 선도와 파급효과가 높은 지역에는 수요에 맞게 공급을 늘리는 대책이 뒤따라줘야 부동산 시장이 안정될 수 있다.

부동산 시장에 낀 거품은 언젠가는 꺾인다. 최근 우리처럼 '담보대출→부동산 가격상승→자산소득 증가→경기 안정 효과'

간의 선순환 고리가 형성되면 문제가 없는 것처럼 보이나, 일단 한번 꺾이기 시작하면 '부동산 가격급락 → 가계연체 증가 → 금융기관 부실 → 경기 급락'이라는 걷잡을 수 없는 소용돌이에 빠진다는 걸 1990년대 일본이 잘 보여줬다.

문제는 언제 꺾일 것인가 하는 점이다. 현재 우리는 세계 어느 나라보다 출산율이 낮고 고령화 속도가 빠르다. 인구통계학적이 관점에서 볼 때 현 자산 계층이 은퇴하면 이후의 자산 계층은 얇아질 확률이 높음을 시사한다. 이를 근거로 우리 아파트 경기는 현 자산 계층의 은퇴가 마무리되는 2025년 이후에는 침체국면에 접어들 것이라 예상된다.

이 시각대로라면 수도권을 중심으로 아파트는 사두기만 하면 시기가 문제이지 언젠가는 많은 돈을 벌 수 있다는 이른바 '불패신화'가 서서히 임계점에 다가간다고 볼 수 있다. 그런 만큼 평생 번 돈과 영끌(영혼까지 끌어들이기), 빚투(빚내서 투자)까지 해서 자가 소유(그중에서 아파트 한 채)에 올인하는 우(愚)는 경계해야 한다.

인생의 행복이란 가치판단이라 일률적으로 말할 수 없지만 자가 소유 이외의 많은 요인에 의해 결정된다. 선진국 국민의 경우 인생에 행복을 주는 자가소유에 대한 투자 규모를 자기 연봉의 약 4~5배 이내로 생각하고 있다는 점을 우리 국민들도 한 번쯤은 되새겨볼 필요가 있다.

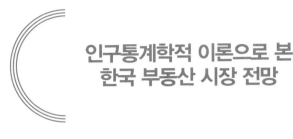

인구통계학적 이론으로 본
한국 부동산 시장 전망

우리나라는 출산율이 낮아지는 추세 속에 고령화가 급진전하면서 가구주의 연령별 분포도 빠르게 변화하는 국가다. 전체 인구 중 29세 이하 연령층의 비중이 급감하는 반면 50세 이상 연령층의 비중은 급증하는 추세다. 이 때문에 가구주 연령이 50세 이상인 가구 비중도 50퍼센트 이상으로 높아진 반면 29세 이하인 가구 비중은 한자리대로 떨어졌다.

앞으로 기대수명 연장과 출산율 저하 등으로 인구구조는 지금 속도보다 더 빠르게 고령화가 진행될 것이 확실하다. 현재 OECD 회원국 중 가장 낮은 출산율과 빠른 속도로 고령화가 진행되고 있는 점을 감안하면 2050년 우리의 노령화 지수(15세 미만 유소년 인구 대비 65세 이상 노인의 비율)는 세계에서 가장 높아질 것으로 예상된다.

UN 분류상 우리는 이미 2000년에 '고령화 사회', 2018년에는 '고령 사회'에 진입했다. 우리 인구는 2030년까지는 증가할 것으로 보이나 연평균 10만 명 정도 늘어나는 데 그칠 것으로 예상된다. 그 결과 우리 인구구조는 1980년에는 전형적인 '피라미드형'에서 오는 2040년에는 '역피라미드형'으로 완전히 바뀔 것으로 관련 예측기관은 내다보고 있다.

단순생산함수(Y=f(K,L,A), K=자본, L=노동, f( )는 함수형태)에서 보듯이 인구가 경제에 미치는 영향은 크다. 각국의 소비함수와 투입산출(I/O)표를 통해 인구구조 변화에 따른 소비지출, 생산유발액, 부가가치액, 고용창출 규모 등을 모두 산출할 수 있다. '앞으로 어떤 유망산업이 떠오를 것인가'에 대한 추정도 가능하다.

가장 널리 알려진 것은 인구구조 변화에 따라 부동산 가격을 예상하는 인구통계학적 이론이다. 은퇴 이후 삶의 수단으로 주식 보유 비율이 미국보다 적은 한국으로서는 이 이론이 최소한 자가 소유(특히 아파트) 시장을 예측하는 데 유용한 것으로 평가돼왔다. 실제로 1960년대부터 이명박 정부 출범 2년까지 세대가 지날수록 자산 계층이 두껍게 형성됨에 따라 아파트 가격이 한 단계씩 뛰었다.

그 이후 박근혜 정부 출범 2년 때까지 4년 동안 부동산 시장이 침체 국면에 빠졌다. 예측기관과 부동산 전문가의 비관론도 쏟아져 나왔다. 네트워킹 효과와 심리 요인이 겹쳐 '이러다간 경기침체의 골까지 깊어지는 것이 아니냐'는 우려가 확산되자 곧바로 부동산 가격을 올려 경기회복을 모색하는 정책을 발표했다.

당시 비관론의 근거는 하나같이 '한국은 세계 어느 나라보다 출산율이 낮고 고령화 속도가 빨라 베이비붐 세대가 은퇴하면 자산 계층이 받쳐줄 확률이 낮다'고 본 점이다. 특히 핵심자산계층인 45~49세가 은퇴하기 시작하는 2018년 이후 한국 부동산 시장과 경기는 장기침체에 빠질 것이라는 예상도 나왔다. 하지만 현실은 달랐다.

한국 부동산 앞날에 대한 비관론은 각국 중앙은행의 통화정책 관할 대상이 바뀐 점을 무시한 결정적인 한계를 갖고 있다. 인구통계학적 이론이 맞으려면 통화정책 관할 대상에 자산시장이 포함되지 말아야 한다(그린스펀 독트린). 하지만 금융위기 이후에는 자산시장을 포함시켜 통화정책을 운용해오고 있다(버냉키 독트린). 부자들은 이 점에 주목했다.

버냉키 독트린대로 통화정책을 운용할 경우 인구통계학적 이론에 따라 부동산과 같은 실물투자 수익률이 낮게 예상되더라도 금융차입 비용이 빨리 올라가는 것을 통제할 경우 거품 붕괴를 막을 수 있다. 아직도 한국 부동산 시장이 장기침체에 빠질 것이라고 보는 예측기관과 부동산 전문가는 이 점을 간과하고 있다.

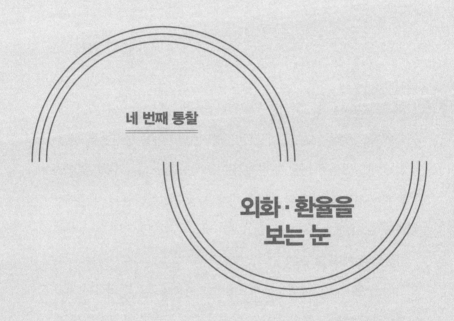

네 번째 통찰

외화 · 환율을
보는 눈

달러 중심의 통화체제는
계속 유지될까

또 다른 10년, 2020년대 국제통화질서는 시스템이 없는 지금의 체제가 지속될 것으로 예상된다. 중국, 러시아를 중심으로 탈(脫)달러화 움직임은 빠르게 진전될 가능성이 높으나 유로화, 위안화 등 현존하는 통화가 달러화를 대체하기는 더 어려워 보이기 때문이다. 오히려 가상화폐가 달러화의 위상을 위협할 정도로 부상할 가능성도 배제할 수 없다.

시스템이 없는 국제통화제도에서는 기축통화의 신뢰성이 저하되더라도 이를 조정할 제도적 장치가 없다. 국제수지 불균형이 심화되더라도 '제2의 플라자 체제'가 태동될 수 없다는 의미다. 이 때문에 새로운 기축통화 논쟁과 함께 글로벌 환율전쟁이 수시로 발생하는 과정에서 한국과 같은 중간자 국가의 통화는 환율 변동성이 크게 확대될 것으로 예상된다.

특정국 통화가 세 가지 위험이 적으면 안전통화로 평가된다. 가장 중요한 '시장 리스크'는 시장상황 변화로 자산 가치가 변동할 가능성을 의미하며 가격의 표준편차, 준분산 등으로 평가한다. '유동성 리스크'는 자산의 유동성이 부족해 결제의무 이행에 문제가 발생할 가능성으로 거래량, 매매 호가 스프레드 등으로 측정한다. '신용 리스크'는 채무를 이행하지 못할 가능성으로 통화의 경우 국가신용등급 등에 반영된다.

금융위기 이후 지금까지 표준편차를 구해보면 원화의 시장 리스크는 최근 들어 다소 줄어들고 있긴 하지만 국제금융시장에서 거래가 많은 중심통화뿐만 아니라 각국의 경제규모에 대비시켜볼 때 여전히 높은 수준이다. 변동성이 심하다는 의미다. 특히 특정국 통화의 하방 변동성을 측정하는 준분산의 경우 원화가 높게 나온다.

유동성 리스크는 더 높게 나온다. 원화의 거래량은 아직도 부족하다. 시장의 심도를 보여주는 매매 호가 스프레드도 우리와 경제여건이 비슷한 대만 달러화와 싱가포르 달러화보다 높게 나온다. 크레디트 디폴트 스와프(CDS) 프리미엄 등으로 측정되는 신용 리스크는 최근 들어 개선되고 있어 그마나 다행한 일이다.

아직까지 원화가 안전통화로 평가받을 수 있는 여건이 형성돼있지 못하다는 의미다. 또 다른 10년, 2020년대처럼 외환시장 환경 면에서는 '뉴노멀'에서 '뉴앱노멀', 위험관리 면에서 '불확실성'에서 '초불확실성'으로 한 단계 더 악화될 것으로 예상되는 시대에는 원화가 크게 흔들릴 것으로 보는 이유다.

2021년 초 달러 투자자들이 주목해야 할 보고서가 발표됐다. 영국 런던 소재 싱크탱크인 공적통화금융기구포럼(OMFIF)이 각국 중앙은행을 상대로 조사한 외화보유 구성통화 내역을 보면 '앞으로 1~2년 이내 위안화 비중을 30퍼센트 이상 늘리겠다'고 나타났다. 탈달러화 움직임이 갈수록 빨라질 것이라는 점을 뒷받침하는 보고서다.

각국 중앙은행의 외화보유 구성통화 변화는 통화 가치에 직접적인 영향을 미친다. 1년 전 같은 조사에서 위안화 보유 비중을 10퍼센트를 늘리겠다는 의도가 실행에 옮겨지면서 위안화 가치는 달러당 7.2위안에서 6.4위안으로 10퍼센트 가깝게 절상됐다. 코로나 사태로 기축통화인 달러화가 강세가 될 것이라는 예상과 전혀 다른 움직임이다.

코로나 직후 위안화와 원화 간 동조화 계수가 '0.9'까지 높아지면서 원화 가치도 2020년 3월 중순 1285원에서 2021년 초에는 1082원으로 급등했다. 한국은행과 통계청이 발표한 국민 대차대조표를 보면 2020년 가구당 평균 순자산 증가율이 10퍼센트를 상회할 정도로 주가, 집값, 채권과 가상화폐 가격이 모두 올랐으나 달러 투자만 10퍼센트 넘게 손실을 기록했다.

각국 중앙은행이 위안화 보유 비중을 늘리는 것은 존 메이너드

케인즈의 화폐 보유 3대 동기 관점에서 보면 쉽게 이해된다. 외화 보유의 가장 큰 목적인 각종 위기 방지의 안전판 역할을 잘 수행하기 위해서는 거래적 동기와 예비적 동기 면에서 중국의 경제 비중이 미국보다 높아질 것으로 예상되면 위안화 보유 비중을 늘릴 수밖에 없다.

2020년 큰 손실을 기록한 달러 투자자들이 최근 들어 원·달러 환율이 1180원 내외로 오르자 또다시 달러 보유를 늘리고 있다. 하지만 디지털 통화 시대에 달러 투자자들은 '위안화 절상에 따른 환차손', '모든 거래 내역이 보이는 증강현실 부담', 그리고 '환율전쟁에 따른 공포와 스트레스' 등 세 가지 곤혹을 치를 수 있다는 점도 감안해야 한다.

늦었다 하더라도 외환 당국은 국내 유입된 외자의 성격을 파악해 놓을 필요가 있다. 지금까지는 소극적인 시장개입에 그쳤지만 평상시에는 부과하지 않다가 과다하게 유입될 때 '이원적 외환 거래세(two way Tobin tax system)'나 '가변 외화 예치제' 도입 등을 검토해 놓아야 할 때다.

갑작스러운 외자 이탈, 즉 서든 스톱 가능성에도 대비해놓아야 한다. 현재 우리 외환보유액은 2선 자금까지 포함하면 5천억 달러가 넘어 안정권이다. 하지만 사전에 외국자금의 이탈 징후를 포착하는 것이 우리 경제 안정성과 정책효율 면에서 더 중요하다는 점을 정책당국은 인식해야 한다.

달러화의 현재와 미래

금융위기 이후 국제 간 불균형과 환율전쟁을 줄이기 위해 수많은 안정화 방안들이 논의돼왔으나 뚜렷한 진전이 없는 상태다. 획기적인 조치라고 평가받았던 2010년 주요 20개국(G20) 서울정상회의에서 합의됐던 '경상수지 예시 가이드라인'과 같은 흑자국에 대한 규제도 잘 이행되지 않고 있다. 자본주의 체제 본질상 흑자국의 반발이 심할 수밖에 없기 때문이다.

근본 원인은 2차 대전 이후 달러화 중심의 현 국제통화체제가 갈수록 한계가 노출되는 데 있다. 현재 국제통화체제는 1976년 킹스턴 회담 이후 시장의 자연스러운 힘에 의해 형성된 것으로 국가 간 조약이나 국제협약이 뒷받침되지 않아 "없는 시스템(non-system) 또는 젤리형 시스템(jelly system)"으로 지칭되기도 한다.

이 때문에 달러 중심의 통화체제는 국제유동성 공급과 신뢰성

간의 상충관계인 '트리핀 딜레마(Triffin's dilemma)'가 우려돼왔다. 세계 교역 증가세에 맞춰 국제유동성을 충분히 공급하기 위해서는 미국의 경상수지적자가 누적돼야 하나, 이 경우 달러화에 대한 신뢰가 떨어지는 반면 달러화 가치 유지를 위해 국제유동성을 줄이면 세계 교역이 위축되고 세계 경기도 침체된다. 특히 한국과 같은 수출지향 국가일수록 경기가 심하게 위축될 수 있다.

'트리핀 딜레마'는 특정국(예: 미국)이 중심 통화국의 역할을 하는 이상 피할 수 없는 것으로, 2차 대전 이후 달러화 중심의 국제통화제도가 80년 가깝게 지속됨에 따라 그 부작용이 심각하게 나타나고 있다. 중심 통화국은 '글로벌 세뇨리지 효과', 저금리 차입 등의 '과도한 특권'을 독점적으로 누리게 돼 다른 국가의 반발이 커질 수밖에 없기 때문이다.

관련 연구(R. Cumby)에 따르면 미국은 중심 통화국으로서 얻는 글로벌 시뇨리지 효과에 힘입어 민간소비를 연평균 0.6퍼센트포인트씩 높일 수 있는 것으로 추정했다. 하지만 미국의 경제와 교역규모에 비해 이런 특권이 너무 크다는 것은 다른 교역국들의 불만으로 이어졌다. 금융위기 이후 중심권이 이동되면서 다른 교역국의 불만은 더 커지면서 사회주의 국가를 중심으로 탈(脫)달러화 움직임이 본격화되고 있다.

현재 국제통화제도는 시스템이 없는 젤리형이기 때문에 중심 통화의 신뢰성이 크게 저하되더라도 이를 조정할 제도 장치가 없다. 미국은 경기 활성화 등을 위해서라도 대외 불균형을 시정하려고 하지만 경상수지 흑자국은 이를 조정할 유인이 별로 없어 환율전쟁이 수시로 발생한다. 국제통화제도 개혁의 필요성에 공감하는 대부분 학자들은 불균형 조정을 강제할 수 있는 '국가 간 조약(예, 1980년대 중반 플라자 협정)'이 있어야 한다는 시각이다.

1976년 킹스턴 이후 현재 지배적인 국제통화제도인 자유변동환율제는 '국경 간 자본의 자유로운 이동'인 전제조건부터 신흥국 외환위기의 주요인으로 지적돼왔다. 신흥국들은 외환위기의 역사적 경험을 반복하지 않기 위해 불규칙한 자본 유출입에 대비할 수 있도록 외환보유액을 확충했다. 외환보유액이 증가하면 신흥국들이 위기를 겪을 확률이 크게 낮아지는 것으로 추정된다.

자유변동환율제의 이런 본질적인 한계가 극복되지 않으면 최근 달러화 강세가 '슈퍼 달러' 시대로 진화될 확률은 낮다. 최근 달러 강세는 경기회복과 같은 미국 자체적인 요인도 있으나 엔화와 유로화 약세에 따른 반사적인 성격이 강하다. 이 때문에 세계경제와 국제금융시장 안정 차원에서 새로운 중심통화에 대한 필요성은 지속될 것으로 예상된다.

미국 달러 이외 특정국 통화가 새로운 중심통화가 되기 위해서는 거래적 동기, 가치저장 기능, 회계 단위 등 화폐 본래의 기능을 다할 수 있어야 한다. 뿐만 아니라 세계 중심통화는 특정국 국민 이외에도 전 세계 국민들이 사용하기 위해서는 다자 기능을 함께 충족시켜야 가능하다.

이런 요건을 갖춰 특정통화가 새로운 중심통화로 도입돼 정착되기 위해서는 상당한 시간이 경과해야 한다. 이 때문에 금융위기 이후 국제통화제도는 새로운 중심통화를 도입하는 방안(트랙 Ⅱ)보다 현 통화체제의 단점을 보완하는 '수정된 형태(트랙 Ⅰ)'가 될 가능성이 높다. 현 통화제도의 가장 큰 문제점인 '트리핀 딜레마'를 완화하기 위해 G20 서울회담에서 마련된 '경상수지 예시 가이드라인' 정신이 재확인되고 실행에 옮겨져야 한다.

불안정한 국제통화제도 속에 세계 모든 국가들이 금융완화 정책을 동시다발로 추진하면서 국제유동성이 더 늘어나고 있다. 국제유동성은 정책요인과 시장요인에 의해 공급된다. 코로나 사태 이후에는 정책요인에 의해 유동성이 워낙 많이 풀려 그 자체만으로도 사상 최고수준에 달한다. 달러 투자로 높은 수익을 내기는 한계가 있어 보이는 것도 이 때문이다.

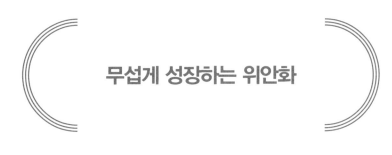

무섭게 성장하는 위안화

시진핑 체제 출범 이후 중국은 대외정책의 핵심과제로 '위안화 국제화 과제'를 추진해왔다. 중국의 무역 결제, 위안화 예금, 위안화 표시 채권발행 등에서 당초 계획보다 상당히 빠르게 진전되고 있다. 이 때문에 홍콩, 대만 등 화인 경제권에 속한 국가뿐만 아니라 영국, 독일 등 주요국들도 위안화 거래 관련 인프라를 구축해 가는 상황이다.

상대적으로 우리는 위안화 금융 중심지로서 커다란 잠재성을 갖고 있어도 위안화 관련 인프라 기반 구축에서 크게 미흡하다. 중국과의 무역 규모가 크고 대규모 흑자세가 지속되는데도 달러 결제 위주의 관행으로 위안화 결제 비중은 여전히 한 자리대로 낮은 수준이다. 다행히 우리 국민들의 위안화 예금 증가, 국내 증권사가 주도해 위안화 표시 채권 발행 등으로 금융 분야에서 위안화 거래가 늘어나는 추세다.

통화의 국제화는 통화의 일부 또는 전체 기능이 원래의 사용지역에서 기타 국가와 지역, 더 나아가 글로벌 범위로 확대돼 국제통용 화폐가 되는 동태적 과정이다. 통화 국제화에 영향을 미치는 요인으로는 △경제 규모 △외환거래 규모 △결제통화로서의 수요 △금융시장 발전상황 △해당 통화 가치의 안정성 등이다.

특정국 통화가 국제통화가 되면 해당 국가의 대외무역과 투자가 효율적으로 촉진되며 동시에 국제사회에서의 발언권도 강화된다. 즉, 통화 국제화는 해당 국가의 미래경제 형세는 물론 세계경제의 형세에도 중대한 영향을 미칠 수 있는 각국 대외정책의 궁극적인 목표이자, 시진핑 체제가 위안화 국제화 과제를 꾸준히 추진하는 근본적인 이유기도 하다.

한 국가의 통화가 국제화되기 위해서는 기능별 · 용도별 · 지역별로 각각 3단계의 국제화 단계를 거쳐야 한다. 기능별로는 교환수단 · 계산 단위 · 가치저장 수단 등 3가지 기능을 수행해야 가능하다. 용도별로는 결제 통화 · 투자 통화 · 보유 통화 단계를 걸쳐야 하며 지역적으로는 주변국에서 지역권을 걸쳐 전 세계적으로 통용돼야 한다.

통화 국제화를 위해서는 △경제규모 확대 △외환시장의 거래증대 △자본시장의 개방△결제통화로서의 수요 확대 등의 조건이 전제돼야 한다. 통화 국제화 평가는 △경제 규모 △외환거래

△자본시장개방 △결제통화수요 △통화가치의 안정성 등 다섯 가지 여건 면에서 미 달러화를 기준으로 판단하기 때문이다.

첫 단계인 중국이 속한 아시아 지역에서 위안화의 국제화 정도를 평가하기 위해서는 각국의 국제화 시기가 다르므로 엔화는 1980~1999년, 원화는 1998~2013년, 위안화는 2009~2021년까지 국제화 과정으로 봐야 한다. 분석결과 1980년대는 엔화가 충족해 나갔고, 2009~2021년에는 위안화가 이런 국제통화 필요조건을 충족해 나가고 있는 것으로 판단된다.

위안화 국제화는 금융위기 직전인 2009년 7월 위안화 역외무역 결제의 시범 시행이 시작된 이후 중화 경제권에 속한 국가를 중심으로 그 범위가 지속 확대돼왔다. 위안화 국제화 수준은 △중국의 경제성장 △무역규모 증가 △금리개혁 △역외 위안화 시장의 발전 등에 힘입어 안정적인 성장단계에 진입했다.

국제사회에서의 위안화 수용도가 커지고 중국과 다른 국가나 지역 간 통화스와프 계약이 증가하고 글로벌 외환거래소에서 위안화의 거래가 활발해지면서, 위안화의 역외시장도 빠른 속도로 발전하고 있다. 최근에는 위안화 역외무역 결제가 증가하고 위안화 국제채권과 어음의 규모가 급증하면서 위안화 파생금융상품의 종류도 다양화하는 추세다.

매년 발표되는 '위안화 국제화 보고서'에 따르면 △중국의 경제성장 △무역규모 증가 △금리개혁 △역외 위안화 시장 발전 등이 위안화 국제화 수준을 크게 향상시킨 주요인이었다. 세계 최고의 GDP 증가율을 유지할 만큼 중국 경제가 안정적으로 성장한 것은 위안화의 국제화에 펀더멘털 면에서 밑그림을 제공해왔다.

중국이 세계 최대의 무역국으로 부상하면서 실물경제 분야에서 위안화 수요가 꾸준히 확대된 것도 위안화 국제화 지수의 제고에 일조하고 있다. 중국의 금리 시장화 개혁 추진과 위안화 자본계정 태환 가능성 확대 등 일련의 체제 개혁 조치로 인해 제도적 보너스가 대량 방출되면서 시장 위안화에 대한 신뢰도 높아졌다.

하지만 현재 중심통화인 미국 달러화를 제외하고 주요 통화의 중심통화 가능성을 평가해보면 위안화는 여전히 취약한 상황이다. 중심통화 요건 가운데 경제 규모, 무역 네트워크, 투자 적격성 면에서는 위안화가 중심통화가 될 수 있는 여건이 어느 정도 갖춰진 것으로 판단된다. 하지만 자본거래 개방성, 외환시장 사용도, 각국 외환 보유와 자본 및 무역거래 사용도 면에서는 부족한 것으로 평가된다.

앞으로 시진핑 정부는 위안화 국제화 과제를 더 속도 있게 밀어붙일 것으로 예상된다. 우리도 이 과정에서 나타날 변화와 충격에 대비해 가능한 한 빨리 선제 대책을 세워놓아야 한다. 특히 위안화 수요 증가로 원화의 상대적 지위 하락이 예상되는 만큼 국내 외환시장 충격 시뮬레이션을 가동해 나온 결과를 토대로 행동계획을 마련해놓아야 할 때다.

원화 국제화 전략에 대한 전면적이고 중장기적인 로드맵을 강구하면서 통화스와프의 활용, 원·위안 직거래시장 개설 등의 기회를 활용해야 한다.

흔들리는 EU, 발목 잡힌 유로화

코로나 사태에 전 세계인의 관심이 온통 쏠려 있는 사이에 유럽 연합(EU)에서 첫 탈퇴 회원국이 나왔다. 바로 영국이다. 이유는 분명하다. 회원국이 난민, 테러, 경기침체 등에 시달리고 있으나 해결책은 고사하고 대응조차 못하는 '좀비 EU' 때문이다. 영국 내부적으로는 정치인을 비롯한 기득권층에 대한 환멸도 가세했다.

최대 관심사는 영국의 탈퇴가 EU와 세계 경제에는 어떤 영향을 미칠 것인가 하는 점이다. 경제적으로는 바로 최악의 시나리오로 전개될 가능성은 적다. 2021년 1월 31일 오후 11시부터 영국이 EU 3대 핵심기구(집행위원회, 유럽 의회, 유럽 이사회)와 산하기구를 떠났지만 관세 동맹은 2021년 말까지 유지되기 때문이다.

문제는 그 이후 상황이다. 2021년 안에 영국과 EU 간 자유무역협정(FTA)을 체결되지 못할 경우 '노딜 브렉시트' 가능성이 살아 있기 때문이다. 유럽 통합은 단일 세계 경제 현안 중 역사가 가장 길다. '하나의 유럽 구상'이 처음 나온 20세기 초를 기점으로 한다면 110년, 이 구상이 구체화된 1957년 로마 조약을 기준으로 한다면 60년이 넘는다.

로마 조약 체결 이후 유럽 통합은 두 가지 길로 추진해왔다. 하나는 회원국 수를 늘리는 '확대(enlargement)' 단계로 초기 7개국에서 28개국으로 늘어났다가 영국의 탈퇴로 27개국으로 줄어들었다. 다른 하나는 회원국 간 관계를 끌어올리는 '심화(deepening)' 단계로 유로화로 상징되는 유럽경제통합(EEU)에 이어 유럽정치통합(EPU), 유럽사회통합(ESU)까지 달성해간다는 원대한 구상이었다.

하지만 유럽통합헌법에 대한 유로 회원국의 동의 과정에서 예상치 못했던 주권 문제로 심화 단계가 가장 먼저 난관에 부딪혔다. 마치 기다렸다는 듯이 절름발이 통합(통화 통합+재정 미통합)으로 언젠가는 불거질 것으로 봤던 재정위기가 터졌다. 유럽 통합 과정에서 영국의 역할을 감안할 때 브렉시트 계기로 확대 단계도 시련이 예상된다. 설상가상으로 유럽 통합의 맹주 역할을 했던 앙겔라 메르켈 독일 총리도 뒷전으로 물러났다.

가장 먼저 유럽재정위기를 겪으면서 이미 유로랜드 탈퇴 문제로 홍역을 치렀던 'PIGS(포르투칼·이탈리아·그리스·스페인)'가 회원국 탈퇴에 동참할 가능성이 크다. 특히 EU 탈퇴 이후 영국 경제가 독자적으로 회생할 경우 EU, 유로랜드 모두 회원국의 탈퇴 움직임은 의외로 빨라질 가능성이 높다.

벌써부터 회원국 내 분리 독립운동도 고개를 들고 있다. 첫 주자는 영국의 스코틀랜드다. 스페인의 카탈루냐와 바스크, 북부 이탈리아, 네덜란드의 플랑드르, 우크라이나의 러시아와 근접한 동부 벨트 등도 가능성이 높은 지역이다. 회원국 탈퇴가 잇따르고 분리 독립운동마저 일어난다면 유럽 통합은 붕괴되는 것이나 마찬가지다.

유일하게 남은 희망인 EU와 FTA 체결에 실패해 '노딜 브렉시트'로 끝날 경우 영국 재무부는 2030년까지 영국 경제가 6퍼센트 위축될 수 있다고 추정했다. 가구당 연간 4천 300파운드의 손실을 불러오는 커다란 규모다. OECD는 영국 국내총생산(GDP)이 EU에 잔류했을 때와 비교해 2020년에는 3퍼센트, 2030년에는 5퍼센트 위축될 것으로 내다봤다.

영국 금융시장의 타격도 불가피하다. 브렉시트가 국민투표로 확정된 2016년 6월 이후 채권시장은 독일 프랑크푸르트, 주식시장은 프랑스와 베네룩스 3국(벨기에·네덜란드·룩셈부르크)로 이동해왔기 때문이다. 최악의 상황인 노딜 브렉시트로 끝날 경우 영국 금융시장은 유럽의 배후 지역으로 전락할 것으로 보는 시각도 만만치 않다.

남아 있는 회원국 경제도 충격이 클 수밖에 없다. 영국의 EU

탈퇴를 계기로 이듬해인 2022년부터 유럽 경제성장률이 1퍼센트 밑으로 떨어질 것으로 내다보는 예측기관들이 많다. 유로화 가치도 등가 수준(1유로=1달러)으로 떨어질 것으로 예상된다. 크리스틴 라가르도 유럽중앙은행(ECB) 총재가 금융완화 정책을 계속 추진할 뜻을 밝힌 것도 이 때문이다.

하지만 탈퇴와 분리 독립은 쉽지 않은 문제다. 1995년 캐나다 퀘백과 2014년 스코틀랜드 분리 독립 투표도 여론조사 결과와 달리 반대가 더 많이 나왔다. 미국도 실리콘밸리가 있는 캘리포니아의 분리 요구가 나온 지 오래됐으나 연방 정부 차원에서 검토조차 이뤄지지 않고 있다. 영국의 EU 탈퇴를 이례적이라 보는 이유도 이 때문이다.

'첫 회원국 탈퇴'라는 최대 난관에 봉착한 EU는 '현 체제 유지(muddling through)', '붕괴(collapse)', '강화(bonds of solidarity)', '질서 회복(resurgence)' 등 네 가지 시나리오를 놓고 새로운 길을 모색할 것으로 예상된다. 유럽재정위기, 브렉시트 등으로 노출된 문제를 회원국이 정치적 명분과 경제적 이익 간 이견을 좁히지 못하면 최악의 상황을 맞을 수 있다.

조셉 바이너(J. Viner) 등의 연구에 따르면 유럽처럼 경제발전단계가 비슷한 국가끼리 결합하면 무역창출 효과가 무역전환 효과보다 커 역내국과 역외국 모두에 이득이 된다. 통합에 가담하는 것이 좋다는 의미다. 앞으로 유럽통합은 회원국의 현실적인 제약

요건을 감안해 새로운 방향을 모색해 나갈 것으로 예상된다.

잔존 회원국은 유럽 통합의 차선책, 이를테면 'F-EU(France+EU)' 방안을 빠르게 추진해 나갈 가능성이 높다. 'F-EU'는 프랑스를 EU에 잔존시키면서 난민, 테러 등 민감한 사안에 대해서는 독자적인 해결권을 갖는 방식이다. 이때 프랑스는 EU의 구속에 얽매이지 않으면서 자국의 현안을 풀어갈 수 있어 '탈퇴(exit)'보다 더 현실적인 방안이다.

'F-EU'가 선택된다면 포르투갈, 이탈리아, 그리스, 스페인 등 이른바 PIGS와 같은 국수주의 움직임이 거센 회원국이 이 방식을 우선적으로 따라갈 가능성이 높다. 특히 'F-EU'에 이어 'G-EU(Germany+EU)'까지 적용될 경우 유로랜드에 이어 EU 차원에서도 '이원적인 운용체계'가 검토될 것으로 예상된다.

이원적인 운용체계는 유로화가 도입위기 이전에 운영됐던 '유럽조정메커니즘(ERM, european realignment mechanism)'과 같은 원리다. 독일 등과 경제여건이 '좋은 회원국'은 경제수렴조건을 보다 엄격하게 적용하고, 그리스 등과 같은 '나쁜 회원국'은 느슨하게 운영된다. 유로랜드의 기본 골격도 보완될 가능성이 높다. EEU 효과를 극대화하려면 통화통합과 재정통합이 동시에 달성돼야 한다. 주무부서로 유럽중앙은행(ECB)과 가칭 '유럽재정안정기구(EFSM, european fiscal stabilization mechanism)', 상징물로 유로화와 유로 본드 간 '이원적 매트릭스' 체제를 갖춰나갈 것으로 예상된다.

'그래도 지구는 돈다'. 이탈리아 천문학자이자 물리학자인 갈릴레오 갈릴레이가 극한 상황에서 끝까지 소신을 굽히지 않고 던진 말 한마디가 먼 훗날 높게 평가받으면서 '지동설'이 확고해졌다. 영국의 EU 탈퇴와 독일의 메르켈 총리의 퇴임으로 유럽 통합이 당장은 어두워 보이지만 그 속에서 움트는 새로운 통합의 싹을 읽어야 한국 경제도 좋은 결과를 기대해볼 수 있다. 먼 길이다.

엔화가 걸어온 길

일본의 100대 총리인 기시다 후미오가 이끄는 신정부가 출범했다. 2020년 8월 말 아베 신조가 조기에 사임한 데다 그로부터 1년 후 그의 대리인 격인 스가 요시히데마저 자민당 선거 불출마로 명예롭게 마무리하지 못함에 따라, 앞으로 일본은 커다란 변화가 닥칠 것을 예상된다. 정치적으로는 자민당 내 계파 정치가 마무리될지 여부, 경제정책으로는 '아베노믹스가 어떻게 될 것인가' 하는 점이 최대 관심사다.

포스트 아베·스가 시대에 일본의 경제정책이 어떻게 될 것인지 알아보려면 2012년 아베노믹스를 낳은 근본 원인인 1990년 전후 '대장성 패러다임'과 '미에노 패러다임' 간의 갈등에 대한 사전지식이 필요하다. 전자는 '엔화 약세와 수출 진흥'으로 상징되나, 후자는 '물가안정과 중앙은행 독립성'으로 대변된다.

1990년대 이후 일본 경제는 '복합 불황'에 빠졌다. 수많은 경기 침체 요인이 얽히고설켰기 때문이다. 대표적인 것이 '안전통화 저주(curse under safe haven)'다. 안전통화 저주는 미국 버클리대의 배리 아이켄그린 교수가 처음 주장했는데, 경기 침체 속에 엔화가 오히려 강세가 돼 가뜩이나 어려운 일본 경제를 더 어렵게 하는 상황을 말한다.

1990년 이후 일본 경제가 당면한 최대 현안은 디플레이션 국면을 언제 탈피할 수 있을 것인가 하는 점이었다. 일본의 실질 GDP 성장률은 1980년대 평균 4.7퍼센트에서 1990년대 이후 1.2퍼센트로 급락한 것은 주로 내수 부진에 기인한 점을 감안하면 디플레이션 우려도 이 요인이 가장 컸던 것으로 지적됐다.

수출의 성장기여도는 1970년대 이후 0.5~0.8퍼센트포인트 수준을 유지하고 있는 데 비해 내수 기여도는 1970년대 3.8퍼센트포인트, 80년대 4.0퍼센트포인트에서 1991~2011년에는 0.5퍼센트포인트로 급락했다. 이 때문에 GDP에서 내수가 차지하는 비중은 1990년에 89.6퍼센트에서 2011년에는 80퍼센트 밑으로 떨어져 '잃어버린 20년'이란 용어가 나올 만큼 장기간 경기침체라는 구조적인 문제를 낳았다.

거듭된 정책실수도 침체 기간을 연장하는 요인으로 가세했다. 1990년 이후 무려 25차례가 넘는 경기부양책은 재정여건만 악화시켰다. 기준금리도 '마이너스 수준'으로 대폭 인하했으나 경기

회복에는 아무런 도움이 되지 않았다. 각종 미명하에 구조조정 정책을 20년 넘게 외쳐왔으나 정책과 국민 간 불신의 악순환만 키웠다. 이 때문에 모든 정책이 무력화돼 죽은 시체와 같은 좀비 경제 국면으로 떨어졌다.

일본 경제가 내수부문의 활력을 되찾아 디플레이션 국면에서 탈피하기는 쉽지 않아 보인다. 내수부진이 고용과 임금 불안정성 증대, 인구고령화 진전 등 당장 해결하기 어려운 구조적인 요인에 주로 기인하기 때문이다. 정부의 재정여건도 크게 악화돼 1990년대처럼 정부가 민간수요를 적극적으로 대체해 촉진하는 데에는 한계가 있다.

내수가 쉽게 회복되지 않을 경우 일본 경제가 당면한 문제를 해결하려면 경제여건 이상으로 강세를 보이는 엔화 가치가 약세로 돌아서야 가능하다. 하지만 당시 집권당이었던 자민당은 일본 경제가 1990년 이후 장기간 침체된 것은 일본은행 총재였던 미에노가 물가안정을 최우선으로 하는 비타협적 통화정책을 고집한 것을 가장 큰 요인으로 봤다.

아베 신조가 2012년 12월 자민당 총리로 재집권하자마자 엔저를 통해 성장을 지향하는 구로다 하루히코 현 일본은행 총재를 영입해 아베노믹스를 추진했다. '경기 실상과 통화 가치가 따로 노는 악순환 국면을 차단하는 것이 일본 경기를 회복시키는 최후 방안'이라는 미국 예일대 하마다 고이치 명예 교수의 권고를 받아들였던 것이 '아베노믹스'다.

아베노믹스를 추진한 지도 햇수로 10년을 맞았다. 당초 의도대로 효과를 거두기보다 국제금융시장 참가자인 각국 간에 협조보다 갈등만 조장해왔다. 아베의 엔저 정책이 문제가 되는 것은 바로 이 점이다. 선진국임에도 인위적인 엔저 유도를 통한 경기부양은 인접국 또는 경쟁국에 고스란히 피해를 주는 '근린궁핍화 정책'에 해당되기 때문이다.

각국의 반발도 거세져왔다. 초기에는 브릭스(BRICs)에 이어 독일 등 같은 선진국 간에도 갈등이 심했다. 독일의 경우 일본이 엔저 정책을 포기하지 않을 경우 무역보복조치를 불사하겠다는 입장을 내놓았다. 묵시적으로 엔저를 용인해왔던 미국도 2018년 하반기 환율 보고서 발표 때부터 엔저 조작은 더는 어렵다는 입장을 거듭 밝혀왔다.

일본 내부에서도 여론이 좋은 것만은 아니다. 가장 타격받은 곳은 엔저 대책으로 채산성이 지속적으로 악화되어 온 내수업체다. 일본 국민도 수입물가 급등으로 일상생활에서 느끼는 경제고통이 높아졌다. 후쿠시마 원전 사태 이후 전체 에너지원에서 수입에너지원이 차지하는 비중이 높아졌기 때문이다.

가장 반겨야 할 수출업체의 불만이 누그러지지 않는 점도 주목된다. 장기간 지속된 엔고에 대응하기 위해 수출업체가 해외로 진출해 이제는 '기업 내 무역'이 보편화됐다. 수출결제통화도 한때

80퍼센트를 웃돌았던 달러 비중을 40퍼센트 내외로 낮춰, 엔저가 되더라도 채산성 개선보다 통상환경만 악화돼왔다.

아베노믹스가 멈추면 곧바로 '위기'에 봉착할 것이라는 시각이 계속해서 나오는 것도 이 때문이다. 일본이 지속 가능한 성장기반을 마련하려면 내수부터 확보돼야 한다. 하지만 엔저 정책은 내수산업을 더 어렵게 한다. 이 상황에서 수출마저 안 될 경우 일본 경제는 걷잡을 수 없는 국면으로 빠져들 수밖에 없다. 차기 일본 정부의 고민도 여기에 있다.

특정 목적을 겨냥해 정책요인만으로 유도된 엔저 정책은 게임 참가자의 협조와 지지가 없으면 추세적으로 정착될 수 없다. 엔저 정책은 중앙은행이 협조하지 않을 경우 쉽게 무너지는 결정적인 허점을 안고 있다. 아베가 엔저 정책을 추진하면서 일본은행에 거의 강압적인 수준의 협조를 요구해온 것도 바로 이 때문이다.

지난 10년 동안 아베노믹스는 많은 부작용을 안고 있었으나 자국 내에서는 견제할 세력이 없었다. 국제적으로도 이기주의 기승으로 역(逆)플라자 합의(1995년 4월, 달러 강세·엔화 약세 유도)와 같은 대타협도 없었다. 극약처방인 아베노믹스가 햇수로 10년 동안 지속돼 왔던 배경이다. 결과는 일본 경제를 후진국 수준으로 전락시켰다는 자기반성이 나오고 있다. 이후 일본이 어떻게 변화할지 조용히 지켜볼 필요가 있는 대목이다.

디지털 통화의 등장,
또 다른 기축통화 전쟁

2020년 5월부터 중국은 쑤저우, 선전, 청두, 슝안 신구 등 4개 지구에 디지털 위안화를 시범 운용했다. 코로나 사태로 당초 일정보다 상당 기간 늦춰지지 않겠느냐는 예상과 달리 오히려 앞당겨 추진됐던 것은 앞으로 다가올 디지털 통화 시대에 주도권을 확보하려는 시진핑 국가주석의 야망이 깔려 있기 때문이다.

　디지털 위안화는 비트코인을 비롯한 가상화폐와 페이스북이 계획하고 있는 '리브라'의 한계를 극복했다는 점에서 성공 가능성이 높게 평가돼왔다. 실물 화폐와 달리 자체적으로 가치가 없는 화폐가 교환 수단, 가치저장, 회계 단위 등과 같은 3대 기능을 수행하기 위해서는 발행기관과 법정화 여부가 중요하다. 디지털 위안화는 인민은행이 직접 발행하는 '중앙은행 디지털 화폐(CBDC, central bank digital currency)'로 두 가지 문제를 해결했다.

현재 통용되는 위안화와 디지털 위안화를 1대 1로 교환해 구권을 신권을 교체할 때 단행하는 리디노미네이션에 대한 우려도 불식시켰다. 인민은행이 발행한 디지털 위안화를 은행을 통해 현재 위안화를 예치한 만큼 금융 소비자의 전자수첩에 넣어줘 사용토록 하는 국가결제 시스템을 채택하고 있기 때문이다. 시간이 지나면 은행도 빠질 것으로 예상된다.

4개 시범 지구에 도입되는 디지털 위안화는 의외로 빨리 정착되는 추세다. 통제력이 강한 중국으로서는 내부적으로 정착시키는 데는 별다른 어려움이 없는 데다 나라 밖으로도 세계 1위 수출대국으로 부상한 점을 감안하면 경상거래부터 디지털 위안화 결제 비중이 의외로 빨리 올라가고 있기 때문이다.

바짝 긴장한 각국 중앙은행도 디지털 통화를 도입하기 위해 속도를 내고 있다. 중국보다 앞서 스웨덴은 2020년 2월부터 'e-크로나'를 도입했다. 유럽중앙은행(ECB)과 일본은행(BOJ)도 디지털 통화 도입 방침을 확정했다. 국제결제은행(BIS)에 따르면 세계 모든 중앙은행의 90퍼센트가 도입을 전제로 디지털 통화에 대한 검토를 끝낸 것으로 조사됐다.

아마존, 구글 등 기업권력이 국가권력까지 넘보는 것을 견제할 목적으로 유보적인 입장을 취했던 Fed도 바이든 정부 출범을 기점으로 '디지털 달러화' 도입 일정을 앞당기고 있다. Fed는 코로나 사태에 대처하기 위해 최종 대부자 역할을 포기했다는 비판을 받을 만큼 '무제한 달러화 공급'이라는 출범 이래 가보지 않은 길을 걷고 있다.

Fed의 무제한 양적완화로 달러 가치를 유지하지 못할 경우 기축통화국인 미국은 더는 '글로벌 시뇨리지(화폐발행차익)' 특권을 누리지 못하게 된다. 반면 미국을 제외한 다른 국가는 브레튼우즈 체제를 유지하기 위해 어쩔 수 없이 부담했던 과다 달러화 보유 구속, 즉 달러 함정에서 벗어날 수 있다. 특히 중국이 그렇다.

Fed가 달러 가치를 유지하기 위한 가장 간단하고 손쉬운 방법은 풀린 달러화를 환수하는 출구전략을 추진하는 방안이다. 하지만 2015년 12월 금리 인상 이후 추진됐던 출구전략 과정에서 입증됐듯이 실행에 옮기기는 쉽지 않다. 미국 학계를 중심으로 달러 가치를 유지하기 위해서는 화폐개혁을 단행해야 한다는 목소리가 높아지는 것도 이 때문이다.

달러 가치 유지를 위해 논의돼온 방안은 크게 두 가지다. 하나는 트럼프 정부 때 거론됐던 '금본위제 부활'이다. Fed가 달러화 공급 계획을 발표할 때마다 인플레이션 우려와 함께 금값이 오르는 것도 이 요인이 한몫하고 있다. 하지만 절대적인 금 공급량 제한과 금 보유국에 또 다른 특혜가 집중된다는 점에서 실행에 옮기기는 사실상 어렵다.

다른 하나는 디지털 위안화 발행을 계기로 '디지털 달러화' 도입을 앞당기는 방안이다. Fed는 디지털 통화 시대가 닥칠 것에 대비해 오래전부터 대책반을 구성해 준비해왔다. 현재 통용되는 달러화와 별도로 '디지털 달러화'를 언제든지 발행할 수 있는 단계까지 와 있다는 평가다. 페이스북의 '리브라'를 디지털 달러화로 격상시키는 방안도 논의됐으나 발권력, 통화량 산출, 통화정책 유효성 확보 등에 난제가 따라 더는 검토되지 않는다.

디지털 위안화가 조기에 정착될 경우 '디지털 달러화'와 또 다른 형태의 기축통화 전쟁이 앞당겨질 것으로 예상된다. 시진핑 체제 출범 이후 중국은 일대일로 계획, IMF(국제통화기금)의 SDR(특별인출권) 편입, 아시아인프라투자은행(AIIB) 설립 등을 통한 위안화 국제화 과제를 추진해 국제금융시장에서 자국의 위상에 걸맞은 영향력을 확보하려고 노력해왔다.

포스트 코로나 시대에 가장 먼저 들이닥칠 디지털 국제통화질서에서 디지털 위안화를 기축통화로 구축할 경우 중국은 글로벌 화폐발행차익을 얻을 수 있을 뿐만 아니라, 국제금융시장에서 자국 금융사의 자금조달 효율성과 편리성을 도모할 수 있을 것으로 기대하고 있다. 세계화가 진전되기 시작한 1990년 이후 미국의 글로벌 화폐발행차익은 연간 23억~118억 달러로, 전체 조세수입의 0.4~1.8퍼센트에 달하는 큰 혜택을 누려온 것으로 추정된다.

디지털 통화 시대가 전개될 경우 각국 중앙은행은 '통화정책을 어떻게 수행할 것인가' 하는 또 다른 과제를 해결해야 한다. 분명한 것은 네트워킹 효과와 수확 체증의 법칙이 적용되는 디지털 통화 시대에 각국 중앙은행은 전통적인 목표인 '물가안정'에만 머물 수 없다. 아마존 효과 등으로 물가가 크게 올라갈 확률이 적을 뿐만 아니라 기준금리 변경, 유동성 조절 등과 같은 종전의 통화정책 수단도 무력화되기 때문이다.

통화와 관련된 모든 정보를 다른 경제주체도 공유가 가능해짐에 따라 '정보의 비대칭성'을 전제로 한 중앙은행의 시장 주도 기능도 약해질 수밖에 없다. 즉, 중앙은행과 시장 참여자 간 관계가 '수직적'이 아니라 '동반자적'으로 변한다는 의미다. 이 과정에서 중앙은행 위상, 금융시장 효율성 지표인 기준금리와 시장금리 간 체계는 약화가 불가피하다.

우려되는 것은 각국 국민이 적응할 수 없을 정도로 환경이 급변함에 따라 '새로움과 복잡성'에 따른 위험이 증대되고 화폐개혁 논의도 지속될 가능성이 높은 점이다. 유사 금융행위도 판치게 된다. 이런 환경에 맞춰 금융감독이 새로운 옴니버스 방식 등으로 접근하지 못할 경우 각국 국민의 화폐 생활에 있어서는 일대 혼란이 초래될 것으로 예상된다.

한국에서의 화폐개혁 논쟁도 국민의 저항이 높은 '리디노미네이션'보다 '디지털 원화'를 도입하는 쪽으로 초점이 맞춰지고 있다. 바람직한 방향이다. 주무부서인 한국은행은 '디지털 원화'를 발행할 것인가를 시작으로 중앙은행 목표 수정, 디지털 통화지표 개발, 통화유통 속도와 통화승수 무력화 방지, 통화정책 관할 범위 확대, 통화정책 전달경로 유효성 점검, 경기 예측력 제고 등의 과제를 사전에 준비해놓아야 한다.

환율전쟁은 계속된다

국민소득(GDP) 규모로 각국의 위상을 따져보면 미국, 중국, 일본 순이다. 금융위기 이후 일본과 중국 간 주도권 경쟁이 전개되면서 아시아 중심통화 자리를 놓고 엔화와 위안화 간 환율전쟁이 벌어 졌다. 결과는 GDP는 중국이 일본을 추월했고 아시아 중심통화 자리는 엔화를 제치고 위안화가 꿰찼다. 앞으로는 세계 기축통화 자리를 두고 달러화와 위안화 간 치열한 환율전쟁이 전개될 것으 로 예상된다.

다른 때와 달리 최근에 벌어지는 환율전쟁은 기축통화국인 미 국의 저금리와 양적완화에서 비롯되고 있다. 코로나 사태 이후에 는 미국의 통화정책이 더 완화됐다. 국제금융시장에서 주목하는 것도 바로 이 대목이다. 세계 경제가 안정되기 위해서는 기축통화 인 달러 가치가 일정 수준 이상 유지돼야 하나 오히려 미국이 달러 약세를 인위적으로 유도한다는 오해를 불러일으키고 있기 때문이다.

한 나라의 통화 가치가 경쟁국 또는 인접국에 피해를 주지 않기 위해서는 그 나라의 경제 여건에 맞는 적정 수준을 유지하는 것이 중요하다. 특정국이 수출을 늘리기 위해 자국의 통화 가치를 인위적으로 평가절하할 경우 그 피해가 고스란히 경쟁국 또는 인접국에 전가되는 '근린 궁핍화 정책'이기 때문이다.

벌써부터 이런 의심을 갖게 하는 것이 중국 외환당국의 태도다. 2010년 6월 말 이후 채택한 복수통화 바스켓 제도에서는 달러 약세가 진행되는 속에서도 최근 위안화 환율을 달러 약세 폭만큼 내려 고시하지 않고 있다. 환율이 상대가격 비율인 점을 감안하면 달러 약세에서는 위안화가 평가절상돼야 하나 오히려 평가절하로 맞서고 있는 셈이다.

금융위기 이후 일본 경제도 엔화 초강세로 시달렸다. 더 우려됐던 것은 엔화 초강세가 일본 자체보다 대외적인 요인에 더 기인하는 측면이 강했다. 투자 매력도와 관계없이 중국이 막대한 외환보유고를 활용해 일본 국채를 대거 매입한 데다, 버락 오바마 정부 이후 미국이 경기부양 차원에서 달러 약세를 유도해왔던 것도 엔화가 초강세로 몰렸던 배경이다.

엔화 초강세 문제를 풀어가기 위해서는 인위적인 시장개입과 같은 일본의 자체적인 노력보다 1995년 5월에 맺었던 '역플라자 합의(anti-Plaza agreement)'와 같은 특단의 조치가 있어야 가능하다. 하지만 이 합의의 키를 쥔 미국이 달러 가치 부양을 수용할 만큼 여유롭지 못하다. 오히려 달러 약세를 유도하고 있는 상황이다.

환율전쟁과 관련해 일본의 시장개입 문제의 심각성이 이 대목에 있다. 일본 정부가 너무 의욕만 앞세워 엔화 초강세를 저지하기 위해 추가적인 시장개입과 그 강도를 더 높여나가면, 주변국 상황을 감안해볼 때 환율전쟁이 본격화될 가능성이 높기 때문이다. 이 상황에서 아베 신조 정부 출범 이후 일본은행은 발권력을 동원해 엔화 약세를 유도하는 극우적인 엔고 저지를 표방해 미국, 중국뿐만 아니라 한국 등 주변국들도 긴장시켜왔다.

국내 외환시장에 미치는 영향을 알아보기 위해서는 최근 환율전쟁이 미국과 일본의 저금리 정책에 기인하는 만큼 캐리 자금의 움직임을 주목할 필요가 있다. 금융위기와 코로나 사태를 거치면서 신흥국으로의 자금 흐름은 금리차 요인으로 정도가 약해지고 있다. 대신 환차익 여부에 따라 자금이 이동하는 정도는 더 강해지는 추세다. 특히 코로나 사태 이후가 그렇다.

즉, 투자 대상국의 환율이 적정수준보다 높으면(저평가) 환차익이 기대돼 '외자 유입→주가 상승·환율 하락→추가 외자 유입' 간의 선순환이, 반대로 낮으면(고평가) 환차손이 우려돼 '외자 이탈→주가 하락·환율 상승→추가 외자 이탈'이라는 악순환이 형성된다. 외국인들이 한국에 투자할 때 원화의 적정수준을 많이 따지는 것도 이런 연유에서다.

한 나라 통화 가치의 적정수준을 파악하는 방법으로는 환율구조 모형, 경상수지균형 모델, 수출 채산성 이론 등이 있다. 국내 예측기관들이 추정한 원·달러 환율의 적정수준은 1130원~1150원으로 나온다. 최근 원·달러 환율은 이보다 높은 수준에서 움직이고 있어 우리 수출과 경기에는 도움이 될 수 있지만, 미국 재무부가 매년 두 차례 발표하는 환율보고서에서 '관찰대상국'의 지위를 감안하면 환율 조작 개연성을 의심받을 수 있다.

원화 절상과 함께 환율전쟁이 불거질 때마다 그 후유증으로 이어지는 '잔물결 효과(riffle effect)'로 환율 변동성이 커질 가능성이 있다. 기업과 해외주식을 투자하고 있는 개인 투자자(서학개미라 부른다)도 이 점에서 주목해야 한다. 잔물결 효과란 호수에 큰 돌을 던지면 한 차례 큰 파동과 함께 시간이 흐르면서 호수 가장자리까지 파동이 이어지는 현상을 말한다. 앞으로 전개될 환율전쟁이 미국, 중국 등 세계 경제 중심국 간에 벌어지는 만큼 중간자 위치에 낀 우리나라는 영향을 크게 받을 수밖에 없다.

그런 만큼 앞으로도 외환위기 이후 지속돼온 '환율 쇼크 트라우마'가 계속 지속될 가능성이 높기 때문에 정책적으로 환율의 하락 속도와 변동 폭을 완화하는 '스무딩 오퍼레이션'을 추진해야 한다.

앞으로 원·달러 환율은
어떻게 될까

코로나 사태 직후 원·달러 환율이 1300원(일부에서는 1500원) 이상 급등할 것이라는 예상과 달리 2021년 초까지 달러 당 200원 이상 비교적 큰 폭으로 떨어졌다. 원·달러 환율 움직임에 영향을 미치는 미국 경제와 통화정책에 커다란 큰 변화가 발생했기 때문이다. 달러 강세를 예상에 투자했던 투자자들은 커다란 손실을 기록했다.

앞으로 원·달러 환율이 어떻게 될 것인지 알아보기 위해 가장 먼저 고려해야 할 것은, 일본의 신정부가 극단적인 이기주의 정책인 아베노믹스를 버리고 섀플리·로스가 창시한 공생적 게임 이론을 바탕으로 한 새로운 경제정책을 모색해 '잃어버린 30년 우려'를 해소하고 선진국 위상을 되찾을 수 있을 것인가 여부다.

2012년 노벨 경제학상 수상자인 로이드 섀플리 캘리포니아 주립대(UCLA) 명예 교수는 특별한 방법론적 설계가 어떻게 시장에서 참가자 모두에게 시스템적으로 해택을 줄 수 있을지 설명해냈다. 동 이론을 토대로 앨빈 로스 하버드 비즈니스 스쿨 교수는 안정성이 어떻게 특정시장 제도의 성공에 영향을 미치는가를 실증적으로 연구해낸 것으로도 유명하다.

두 교수가 연구했던 '안정적 할당과 시장설계에 대한 실증적 연구이론'에서는 공생적 게임 이론을 바탕으로 일본은 아베노믹스를 장기간 추진하는 과정에서 나라 안팎으로 외면당하고 있는 일본 경제를 참가자 모두에게 이득이 될 수 있는 방향으로 해결해낼 수 있는 양식(architecture), 즉 새로운 정책을 모색해야 한다.

차기 일본 정부가 인접국과 경쟁국에 공생적으로 도움될 수 있는 내수 확대책을 어렵더라도 추진해야 하는 것도 이 때문이다. 국가채무 누적으로 재정 지출에 한계가 있다면 일본 국민에게 '저축이 미덕'이 아니라 '소비가 미덕'라는 캐치프레이즈를 내걸고 '부(負)의 저축 준조세' 등을 통해 내수 진작책을 모색해야 한다.

아베노믹스 종료 이후 원·달러 환율이 어떻게 될 것인가를 알아보기 위해서는 2020년 8월 말 아베 총리 사임 이후 국제 환투기 세력이 '왜 엔화 약세가 아니라 강세에 베팅해왔는가'를 곰곰이 따져볼 필요가 있다. 경제 실상을 반영한다는 차원에서 보면 주가가 떨어지면 해당국 통화 가치는 약세가 돼야 한다.

하지만 아베노믹스를 더는 추진하지 못하면 일본 경제는 '엔고의 저주'가 재현될 가능성이 높아 국제 환투기 세력은 이 점을 노렸던 것이다. 안전통화 여부는 최종 대부자 역할을 누가 맡느냐에 달려 있다. 일본은 엔화표시 국채 96퍼센트를 갖고 있는 자국 국민이 최종 대부자 역할을 떠안고 있어, 저축률이 떨어지지 않는 한 국가 부도 위험이 희박하다.

다른 하나는 빠르게 절상되고 있는 중국의 위안화 가치다. 홍콩 시위대 사태로 달러당 7.5위안 이상 절하될 것이라는 예상과 달리 6.4위안대로 절상됐다. 골드만삭스 등이 2022년 하반기에 가능할 것으로 봤던 '스위트 스팟(미·중의 이해관계를 잘 반영하는 적정선으로 6.8~7위안)'의 하단이 1년 앞당겨 무너진 셈이다.

가장 큰 요인은 중국 경기의 회복세 때문이다. 2020년 초까지만 하더라도 '축출설'이 나돌 정도로 정치적 입지가 약화됐던 시진핑 국가주석이 '코로나 발원지'라는 오명을 극복하고 경제활동 재개 등을 신속하게 결정하면서 경기가 반등해 2020년에는 유일하게 플러스 성장률을 기록했다. 2021년 들어 기저 효과 등으로 성장률은 둔화하고 있지만 여전히 높은 성장세를 구가하고 있다.

'페트로 달러화'란 별칭이 붙을 만큼 달러화 비중이 90퍼센트 이상 차지했던 원유 결제시장에서도 위안화 결제가 처음 시작돼 '페트로 위안화' 시대가 열렸다. 각국의 외환 보유에서 시작된 탈

달러화 추세가 결제시장으로까지 확대되고 있어 2차 대전 이후 지속돼왔던 브레튼우즈 체제가 최대 위기를 맞고 있다.

엔화 강세와 위안화 절상 추세는 미국측 요인으로 상당 기간 지속될 것으로 예상된다. 달러 가치는 머큐리(mecury: 펀더멘털)와 마스(mars: 정책) 요인에 의해 결정된다. 머큐리 요인으로 미국 경기가 뱀이 꾸불꾸불 기는 '스네이크'형으로 예상되는 데다 Fed는 제로 금리를 2023년까지 유지하겠다고 선언했다.

마스 요인도 변하고 있다. 트럼프 정부가 추진 과정에서 오락가락해 흐트러진 면이 있지만 공화당의 전통인 '강한 달러화'를 표방하기보다 약달러 정책을 추진했다. 하지만 2021년 1월 20일에 출범한 조 바이든 정부가 달러화 가치를 시장에 맡겨놓으면서 억눌렸던 달러 가치가 제자리를 찾고 있다.

엔화와 위안화 가치가 동반 절상되면 원·달러 환율은 더 떨어질 가능성이 높다. 특히 위안화와 원화 간 동조화 계수가 여전히 '0.7' 내외로 높은 점을 감안하면 위안화 절상 요인만으로도 하락할 것으로 예상된다. 로이터 통신이 환율 전문가를 대상으로 조사한 결과를 토대로 위안화 가치가 1년 후에 6위안 내외로 절상되면 원·달러 환율은 1100원이 붕괴되는 것으로 나온다.

앞으로 원화 가치가 높아질 경우 우리 경제에 미치는 영향은 종전처럼 부담보다 혜택이 많을 것으로 예상된다. 원화 강세에 따라 가장 우려되는 수출과 경기에 미치는 부정적 효과는, 주력

수출상품이 고질병이었던 환율에 의존하는 천수답 구조에서 탈피해 기술, 품질, 디자인 위주로 개편된 점을 감안하면 크게 줄어들었다.

오히려 외국인 자금 유입에 따른 '부(富)의 효과'로 경기를 부양하는 효과가 더 클 수 있다. 최근처럼 금융이 실물을 주도하는 성장 여건에서는 버냉키 독트린에 따라 주식 등 자산시장 여건을 포함시켜 경기 대책을 추진해야 할 뿐만 아니라 '자본 수출'이 '상품 수출' 이상으로 중시돼야 한다.

코로나 사태 이후 세계화 퇴조와 자급자족 성향이 강해지는 교역 환경에서는 우리 경제의 독립성과 안정성을 높이기 위해 수출에 대한 잘못된 선입견을 개선하면서 내수를 육성해야 한다. 다른 인위적인 정책수단보다 시장 메커니즘에 의한 원화 강세는 부작용 없이 내수를 키우는 데 도움이 된다.

달러 투자자도 이제는 현실을 직시해야 한다. 달러 약세는 실제보다 더 심하다. 달러 가치를 평가하는 가장 보편적인 잣대인 달러인덱스가 처음 발표됐던 1973년 이후 달라진 세계교역 비중을 감안해 종전의 구성통화에서 스웨덴 크로네화를 빼고 위안화를 넣어 재산출하면 '85' 내외로 나온다. 최근에 움직이는 '92~93' 내외에서 10퍼센트 가깝게 더 떨어지는 수준이다.

코로나 사태 이후 '강세'를 예상해 달러를 사둔 투자자(기업 포함)의 환차손이 눈덩이처럼 불어나고 있다. 바이든 정부 들어 달러 가치가 제자리를 찾는 과정에서 원·달러 환율이 1180원대로 오르자 환차손을 만회하기 위해 달러화를 매입하는 투자자들이 의외로 많지만, 오히려 과도한 달러 보유분을 줄여 나가는 것이 바람직한 때다.

코로나 이후 제2의 키코 사태에 대비하라

코로나 사태 이후 외국인 자금의 이탈세가 지속됨에 따라 달러 투자자를 중심으로 '이러다간 키코(KIKO) 사태가 다시 오는 것이 아닌가' 하는 우려가 일고 있다.

키코 사태의 뿌리는 2008년 초로 거슬러 올라간다. 당시 대부분 예측기관들은 그해 원·달러 환율이 급락할 것으로 예상했다. 서브프라임 모기지 사태로 달러화가 제2의 통화로 전락하지 않겠느냐는 우려와 함께, 위기 당사국인 미국에서 이탈한 달러계 자금이 한국으로 대거 들어올 것이라는 예상이 주된 근거였다.

이 예상대로라면 수출대금은 환율이 높은 연초에 원화로 바꾸고 수입결제와 해외송금은 가능한 한 늦추는 것이 유리하다. 실제로 국내 기업들은 그렇게 외환을 관리했다. 또 일부 시중은행들이 권유했던 '키코'라는 환헤지 상품이 매력적이기 때문에 다른 요인이 함께 작용했긴 했지만 국내 기업들은 이 상품에 가입할 수밖에 없었다.

하지만 원·달러 환율은 이런 예상을 비웃기라도 하듯 크게 올랐다. 서브프라임 모기지 사태로 들어올 것이라던 외국인 자금이 오히려 대거 이탈했고 2008년 9월 이후에는 각종 위기설까지 겹치면서 그해 말 원·달러 환율은 1600선까지 치솟았다. 이 때문에 환율 하락을 감안한 외환관리는 크게 실패했고 키코에 가입했던 국내 기업들은 커다란 손실을 보는 참담한 결과를 낳았다. '환율 쇼크 트라우마'가 생긴 것도 이때였다.

코로나 사태 이후 외국인 자금의 이탈 규모는 의외로 크다. 2020년에는 외국인 매도액이 24조 원에 달하는 속에서도 원·달러 환율이 200원 이상 급락했다. 2021년 들어서는 원·달러 환율이 1000원 밑으로 떨어질 것이라는 예상과 달리 외국인 매도세가 더 거칠어지면서 1150원 이상으로 급등함에 따라 기업인을 중심으로 '제2 키코' 우려가 확산되고 있다.

코로나 사태 이후 2년 가깝게 외국인 매도세가 지속됨에 따라 외국인 자금이 우리 경제를 아예 떠나는 것이 아닌가 하는 시각까지 고개를 들고 있다. 우리 경제가 상대적으로 좋아 마진콜과 디레버리지 과정에서 어려움을 겪었던 금융위기 때와 달라 몇 가지 궁금증이 더 증폭되고 있다.

첫째, 코로나 사태 이후 동학개미 비중이 커졌는데 외국인의 영향력은 여전한가 하는 점이다. 2021년 들어 국내 증시에서 시장 참여자별 영향력을 알 수 있는 피어슨 상관계수(투자자별 일일 순매수 규모와 해당일 코스피 지수 간 변화율을 나타내주는 -1~+1 범위의 값)를 구해보면 외국인은 +0.6으로 높게 나오는 반면 동학개미는 -0.7로 낮게 나온다. 동학개미들이 아직까지 세력화되지 못하고 있음을 뒷받침해주는 대목이다.

둘째, 외국인 이탈자금의 원천별로 보면 달러계 자금이 주도하고 있다는 점이다. 2021년 이후 미국의 S&P500지수와 코스피 지수 간 상관계수를 보면 +0.8로 2019년 +0.1에 비해 크게 높아졌다. 반면에 중국의 상해지수와는 +0.8에서 +0.2로 낮아졌고, 홍콩 항생지수와는 -0.3으로 아예 역관계로 돌아섰다. 세계금융 중심지가 뉴욕으로 집중되고 우리 수출도 중국에서 미국으로 재편되는 결과로 풀이된다.

셋째, 외국인은 한국 경제와 증시에서 차지하는 비중이 높은 삼성전자, 현대자동차 등 대표기업 주식을 왜 파느냐 하는 점이다. 달러계 자금의 벤치마크인 모건스탠리캐피털지수(MSCI) 상 우리나라의 지위는 '신흥국'이다. 달러계 자금이 신흥국에 투자할 때에는 국가를 사는 것이나 마찬가지기 때문에 투자 대상국의 대표기업 주식을 살 수밖에 없고, 팔 때도 이들 주식에 집중되면서 주가가 급락하게 된다.

넷째, 코로나 사태 이후 외국인 매도 과정을 되돌아보면 이재용 삼성전자 부회장 가석방 결정 이후 매도세가 더 강해지느냐 하는 점이다. 갈수록 첨예해지는 미국과 중국 간 반도체 굴기 경쟁을 감안하면 가석방은 너무 안이한 결정이라는 점이다. 오히려 수시로 나가야 할 해외 출장 등에 법무부의 허락을 받아야 한다면 사법적 리스크(legal lisk)는 더 커졌다고 보는 것이 외국인들의 시각이다. 최근에는 유럽까지 반도체 굴기 경쟁에 가세했다.

다섯째, 외국인 자금이탈과 원·달러 환율 상승 간 악순환 고리가 형성될 것인가 하는 점이다. 최악의 경우 악순환 고리가 형성된다면 '제2의 외환위기' 우려가 급부상할 수 있다. 이렇게 외자 이탈 방지 차원에서 미국보다 먼저 올려야 한다는 시각이 고개를 들면서 실제로 2021년 8월 금융통화위원회에서 기준금리를 0.25퍼센트포인트 인상했다.

하지만 한국과 같은 신흥국 입장에서 외자이탈 방지의 최선책은 충분한 외화를 쌓는 일이다. 한국은 통화스와프와 같은 제2선 자금까지 포함하면 가장 넓은 의미의 캡티윤 방식으로 추정한 적정수준보다 보유 외화가 많다. 오히려 성급하게 금리인상을 단행하다간 '외자 이탈→금리 인상→경기침체→추가 외자 이탈' 간 악순환 고리를 촉발할 가능성이 높다는 점에 유념할 필요가 있다.

이러한 분석 결과를 토대로 외국인 자금이 언제 돌아올 것인가를 예상해보면 국내 증시에서 외국인 자금이탈을 주도하고 있는 달러계 자금은 펀더멘털과 포트폴리오 면에서 우리가 미국보다 더 불리하다. Fed와 한국은행이 내놓은 2022년 양국의 성장률 전망치를 보면 미국은 4퍼센트대로 한국의 3퍼센트대보다 높다. 2023년에도 양국의 성장률 수준은 낮아지지만 격차는 그대로 유지될 것으로 예상됐다.

반도체 업황에 대해서도 양대 글로벌 투자은행(IB)가 보는 시각이 대조적이다. 모건스탠리는 "반도체 시장에 어두움이 몰려오고 있다"고 예상한 반면 골드만삭스는 "마진폭 증가를 기대할 수 있다"고 내다봤다. 통계기법 상 절대 오차율 등으로 두 기관의 예측력을 평가해보면 모건스탠리가 더 높다. 절대 오차율이란 전망치에서 실적치를 뺀 수치를 전망치로 나눠 백분화한 것이다.

현시점에서 외국인이 돌아오려면 이재용 부회장의 '사면'과 같은 특별조치가 있어야 가능해 보인다. 지금 우리 경제와 증시, 그리고 삼성전자가 비상국면에 놓여 있기 때문이다. 정권 교체기까지 맞고 있다. 당분간 제2의 키코 사태 우려는 지속될 것으로 예상된다.

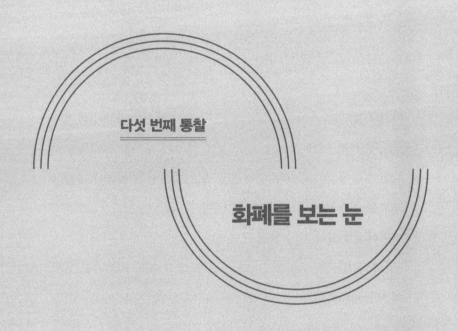

다섯 번째 통찰

화폐를 보는 눈

달러와 금의 시대가 저물어간다

어려울 때마다 부자들이 관심을 많이 보이는 투자대상이 금이다. 코로나 사태 이후 2020년 8월 국제 금값이 온스당 2000달러에 넘어서자 어김없이 3000달러를 돌파할 것이라는 예상이 나왔다. 금값을 결정하는 요인으로는 수없이 많지만 추세로는 국제통화질서와 달러화 위상이 가장 큰 영향을 미친 것으로 평가된다.

2차 대전 이후 국제통화질서는 크게 세 단계로 구분된다. 첫 단계는 국제통화기금(IMF)이 출범된 이후 1971년 당시 미국 대통령인 닉슨이 금 태환 정지를 선언했던 시기까지 이른바 '브레튼우즈 체제'다. 이 시대에는 기축통화로 달러 위상이 확고했고 달러 가치도 금에 의해 완전히 보장됐던 시기다.

이 때문에 달러에 대한 대체수요로 금을 보유할 필요가 없었다. 달러와 금이 동일시됐기 때문이다. 세계교역 규모도 크지 않아 Fed가 달러를 충분히 공급할 수 있었던 시기다. 브레튼우즈 체제 기간에 달러와 금값의 움직임을 보면 추세적으로 거의 같은 궤적을 그리면서 큰 괴리는 없었다.

하지만 세계교역 규모가 1970년대 이후 급격히 증가함에 따라 달러 가치도 금으로 더는 보장할 수 없었다. 이 점이 닉슨이 금 태환 정지를 선언했던 배경이다. 그 후 국제통화질서는 과도기인 '스미스소니언 체제'에 접어들었다. 이 시기에는 달러 가치가 금에 의해 완전히 보장되지 않음에 따라 달러 가치와 금값 간에 괴리가 서서히 발생했다.

현재 국제통화질서인 자유변동환율제가 시작된 것은 1976년 킹스턴 회담 이후부터다. 이 시기에 각국의 통화 가치는 원칙적으로 자국 내 외화(달러)수급 여건에 맡겨 결정토록 했다. 물론 달러 가치도 금에서 완전히 자유로워졌다. 엄밀히 따진다면 달러와 금 간에 대체관계가 형성되기 시작한 것은 이때부터였다.

킹스턴 체제로 전환된 이후 각국의 통화 가치가 자국 내 외화 수급 여건에 맡겨졌으나 외화보유나 각종 결제통화 비중으로 보면 달러가 여전히 중심통화 역할을 담당해온 '신(新)브레튼 우즈 체제'가 지속됐다. 하지만 시간이 갈수록 달러 위상이 약화됨에 따라 대체수요로 금 보유가 늘어나면서 국제 금값은 추세적인 상승기에 접어들었다.

달러 가치와 금값 간에 괴리 현상이 벌어진 결정적인 계기가 된 것은 2008년에 발생했던 서브프라임 모기지 사태였다. 이때를 계기로 달러 위상이 급격히 떨어지고 달러 중심의 신(新)브레튼우즈 체제도 붕괴될 조짐을 보이면서 금값이 단기간에 급등하는 '슈퍼 스파이크'와 상승국면이 오랫동안 지속되는 '슈퍼 사이클' 단계에 동시에 진입했다.

최근 들어 중심통화로 달러 위상이 흔들리는 이유는 크게 보면 두 가지 요인이다. 무엇보다 당사국 요인으로 미국 경제는 재정적자와 국가채무 누적 등과 같은 구조적 문제점으로 달러에 대한 신뢰가 종전만 못 하기 때문이다. 일종의 금융위기와 코로나 사태 후유증에 따른 낙인 효과라 볼 수 있다.

미국 이외 국가들의 탈(脫)달러화 움직임도 가세되고 있다. 금융위기와 코로나 사태 이후 달러에 대한 신뢰가 떨어지는 계기로 현재 국제통화제도가 안고 있었던 △중심통화의 유동성과 신뢰성 간 '트리핀 딜레마' △중심 통화국의 과도한 특권인 글로벌 시뇨리지(화폐발행차익) △글로벌 불균형 조정 메커니즘 부재 △과다 외환 보유에 따른 부담 등의 문제가 노출되면서 탈달러화 움직임이 빨라지는 추세다.

앞으로 새로운 중심통화 논의가 빨라지고 국제통화질서도 변할 것으로 보는 것도 이런 이유에서다. 지금까지 새로운 중심통화 논의는 두 가지 방향으로 진행돼왔다. 하나는 글로벌 차원에서 논의되는 것으로 중국이 제안한 IMF의 특별인출권(SDR)을 사용하는 것과 라틴어로 지구라는 의미의 테라(Terra)를 창출하는 방안이다. 세계단일통화방안으로 가장 많이 거론됐던 '달러라이제이션'과 '글로벌 유로화 방안'은 이제는 무의미해졌다.

다른 하나는 지역 차원에서 진행되고 있는 공동통화 도입 논의다. 현재 지역공동체가 결성돼 있는 곳은 대부분 공동통화 도입논의가 진행되고 있고, 진전이 빨랐던 유럽은 유로화를 도입해 실행에 옮기다가 유럽재정위기와 브렉시트로 주춤거리고 있다. 아시아 지역도 1980년대 이후 엔화 블록권→엔민폐(엔화+인민폐)→아시아 유로화 순으로 논의돼왔으나 지금은 중국의 부상과 이에 따른 위안화 위상이 급부상하면서 멈춘 상태다.

2차 대전 이후 '브레튼우즈→스미스소니언→킹스턴 체제'로 대변되는 달러 중심 체제의 균열은 불가피해 보인다. 금 공급이 남아프리카공화국 등 특정국에 쏠려 있는 시장의 특성상 그때그때 발생되는 재료에 따라 변동성이 커졌다. 투자자들이 어려울 때마다 달러와 금에 대해 지속적으로 보여왔던 애정도 이제는 서서히 놓아야 할 때가 됐다.

금값이 보내는 신호

간단한 퀴즈부터 풀어보자. 1987년 블랙 먼데이, 1997년 아시아 외환위기, 2008년 미국의 서브프라임 모기지 사태의 공통점은 무엇인가? 답은 사태 직후 국제 금값이 폭등하다가 그 후 급락하는 과정에서 모두 금융위기가 발생했다는 점이다. 이 때문에 코로나 사태 이후 2000달러를 넘어섰던 금값이 1800달러선 밑으로 떨어지자 '또 다른 금융위기의 전주곡'이 아닌가 하는 우려가 고개를 들고 있다.

서브프라임 모기지 사태 직후 금융시장 구성원과 금융상품, 금융감독에서 발생하게 될 변화를 일목요연하게 정리한 'JP모건 보고서'가 화제가 된 적이 있었다. 인간의 욕심은 끝이 없기 때문에 탐욕과 공포의 줄다리기 속에 탐욕이 승리할 때 버블이 형성되고, 공포가 탐욕을 누를 때 시장은 위기를 맞는다는 것이 이 보고서의 요지다. 코로나 사태 이후 지금까지 주가 등 재테크 변수의 움직임도 보면 마치 판에 박은 그대로 재현되고 있다.

하이먼-민스키 리스크 이론에서도 인간의 욕망이 도를 넘어 탐욕 수준으로 변질되면 투자자들의 심리가 급변하면서 '돈을 잃을 수 있다'는 심리가 확산돼 결국은 버블이 터지고 금융위기가 발생한다고 봤다. 대표적으로 금융위기가 3년 또는 10년마다 반복된다는 '3년 주기설'과 '10년 주기설'을 들 수 있다.

JP모건은 지금까지 금융위기의 시장별 발생 패턴을 종합해볼 때 차기 금융위기는 신흥국에서 발생할 확률이 높다고 내다봤다. 신흥국에서 발생했던 마지막 위기인 1998년 러시아 모라토리엄(국가채무 불이행) 사태가 끝난 지 20년이 넘으면서 공포의 기억이 완전히 잊혀가는 시장이기 때문이다.

서브프라임 모기지 사태 이후 연일 강세국면을 펼쳐왔던 금을 비롯한 각종 신흥국 상품시장이 주목을 받아왔던 것도 이 때문이다. 정도 차가 있긴 하지만 상품시장은 각 섹터별로 가격상승이 빠른 '슈퍼 스파이크', 가격상승국면이 오래 지속되는 '슈퍼 사이클', 모든 상품값이 오르는 '퍼펙트 스톰'이 발생했다. 거품 형성기에 나타나는 전형적인 모습이다.

앞으로 신흥국에서 위기가 찾아올 가능성을 모리스 골드스타인의 위기판단지표로 알아보면 한국을 제외하고는 높게 나온다. 이 지표는 단기 통화 방어능력, 중장기 위기 방어능력에 해당하는 해외자금조달과 국내 저축능력, 자본유출 가능성 등으로 특정국의 위기 발생 가능성을 판단한다. 종전과 다른 것은 코로나 사태 이후 주가가 선진국 위주로 올라 주가수익비율(PER) 등으로 본 신흥국의 주가는 적정수준보다 밑돌고 있는 점이다.

이같은 결과는 양적완화 종료, 증거금 상향 조정 등으로 자금 부족 현상이 발생할 경우 주로 상품시장에 투자한 기존 자산을 회수할 가능성이 높다는 것을 의미한다. 리먼 브러더스 사태처럼 마진콜이 발생하더라도 디레버리지 과정에서 신흥국 증시로 전염돼 나비 효과가 발생할 가능성은 상대적으로 적다.

이 때문에 신흥국 증시는 당장 붕괴될 가능성은 높아 보이지 않는다. 일부 우려대로 상품가격 폭락이 증시로 전염돼 위기가 발생할 확률이 낮다는 의미다. 아직까지 신흥국 주가 버블이 극에 달한 상황이 아니고, 리먼 사태처럼 주가 폭락 직전에 극에 달하는 시장 모멘텀과 레버리지 비율이 관찰되지 않기 때문이다.

하지만 코로나 사태 이후 국제원자재 시장의 강세행진이 신흥국 시장과 연결돼 있는 점은 주목할 필요가 있다. 신흥국 상품시장에 유입되는 자금의 대부분이 매수에 치중(long-only)하는 자금 또는 국내 예금이라는 점은 이 시장의 과열 양상을 보여주는 증표라 볼 수 있기 때문이다. 공급난도 한몫하고 있다.

특히 중국이 부존자원 싹쓸이에 나서면서 금융위기 이후 주도권 확보에 위협을 느낀 다른 국가들도 이 전쟁에 뛰어들면서 차기 위기의 성격이 상품 위기로 귀결되고, 그 시기도 앞당겨질 수 있다는 경고를 코로나 사태 이후 급등하던 금값이 급락하는 사태에서 입증시켜주는 듯한 움직임은 투자자에게 많은 시사점을 던져준다.

이런 점에서 일부 은행들이 금값이 급락한 이후 반등을 겨냥해 마치 스위트 스폿으로 금 투자를 권유하는 것은 바람직해 보이지 않는다. 재테크에서 스위트 스폿이란 최고의 수익이 기대되는 투자처를 의미한다. 오히려 금을 비롯한 귀금속 가격은 시장 자체요인보다 달러 가치, 투자자 심리 등 다양한 요인에 결정돼 예측하기 어렵다.

2010년에 나돌았던 '인디애나 존스 위기설'이 코로나 사태 이후 월가에서 다시 고개를 들고 있다. 국내에서도 인기를 끌었던 인디애나 존스는 부자가 될 일념으로 갖은 고난을 극복하고 금을 발견하면 그 순간부터 마음이 돌변해 혼자 독차지할 탐욕을 꿈꾸다 정작 부자가 되지 못하고 악의 구렁텅이에 빠진다는 것이 이 영화의 골자다. 헤어져야 할 때 오히려 집착하면 연인 관계가 최악의 상황을 맞듯 떨어져야 할 때 금 투자를 고집하면 인디애나 존스 위기설에 빠질 확률이 높아질 수 있다는 점을 명심해야 한다. 특히 부자들에게 당부한다.

가상화폐는 법정화폐가
될 수 있을까

코로나 사태가 엄습하기 시작했던 2020년 3월 초 5,000달러 초반대에 머물렀던 비트코인 가격이 1년 후에는 65,000달러에 육박했다. 수익률로 따진다면 13배에 달한다. 한 뿌리 가격이 1년 중산층 생활비의 10배를 웃도는 수준까지 올랐던 17세기 네덜란드 튤립가격보다 더 오를 정도로 투기 광풍이 불고 있는 셈이다.

2017년 때와 다른 것은 비트코인뿐만 아니라 다른 가상화폐도 투기 열풍이 같이 분(escalate) 점이다. 가상화폐 시장으로 자금의 대이동이 발생함에 따라 전통적인 자산시장에 커다란 변화도 감지된다. 법정화폐 시장의 미국 달러화처럼 가상화폐 시장에서도 비트코인 중심으로 가상화폐 질서가 형성되고 있기 때문이다.

미세스 와타나베도 등장했다. 와타나베 부인은 엔화를 차입해 금리가 높은 국가에 투자하는 일본 여성을 통칭해서 부르는 용어다. 반면 미스터 와타나베는 엔화를 차입해 가상화폐와 같은 암호화폐를 한국과 같은 비트코인 거래가 활발한 국가에서 매입해 차익을 겨냥하는 일본 남성을 말한다. 한국에서 투자할 경우 김치 프리미엄까지 얻을 수 있다.

아직까지 공식화되지 않는 가상화폐에 전 세계인이 열광하는 것은 코로나 사태 이후 돈이 너무 많이 풀렸고 이를 회수하는 출구전략이 지연되고 있기 때문이다. 주식과 같은 위험자산이 거품이 우려될 정도로 너무 올라 대체자산을 찾는 과정에서 언택트와 디지털 콘택트의 진전으로 비트코인을 비롯한 가상화폐의 매력이 재차 부상하는 것도 한몫하고 있다.

특히 한국인이 열광하는 것은 가상화폐 가격 움직임이 냄비 속성이 강한 국민성과 맞아떨어지기 때문이다. 가상화폐의 경우 공급의 가격탄력성이 완전 비탄력적이어서, 수요가 증가해 수요 곡선이 우측으로 이동하면 '가격이 급등(sky rocketing)'하고, 반대의 경우 수요 곡선이 좌측으로 이동해 '순간 폭락(flash crash)' 현상이 발생한다.

초기 호기심에서 관심을 끌고 이내 곧 사라질 것으로 봤던 각국에 비상이 걸렸다. 이제 방치하기에는 비트코인과 가상화폐의 위상이 너무 높아졌기 때문이다. 비트코인 거래액은 골드만삭스 등 글로벌 투자은행을 넘어섰다. 테슬라 등은 자사 제품의 결제수단으로 사용할 것을 선언했을 뿐만 아니라 금융사들은 가상화폐 관련 금융상품도 속속 내놓고 있다.

위기 조짐도 발생하고 있다. 2017년 6월 이더리움 가격과 같은 해 9월 영국의 비트코인 펀드가 95퍼센트 정도 폭락하면서 나타났던 '마진콜'과 '드로우다운 로스(drawdown loss, 대손실)'가 최근 다시 발생했다. 한국계 빌황이 이끄는 아케고스발 사태에서 재확인됐듯이 마진콜이 발생하면 이에 응하는 디레버리지 과정에서 다른 자산시장으로 전염될 가능성도 높다. 실제 발생 여부와 관계없이 가상화폐발 금융위기 우려가 제기되는 것도 이 때문이다.

더는 방치할 수 없는 상황에 이르자 각국의 대응도 빨라지는 추세다. 중국, 러시아, 베트남 등과 같은 신흥국을 중심으로 적극 규제에 나서고 있다. 중국은 아예 비트코인과 가상화폐 거래뿐만 아니라 보유하는 자체까지 금지시켰다. 한국 정부도 가상화폐 대책에서 거래금지(청소년), 시세차익에 대한 과세, 가상화폐 거래소 폐지 등과 같은 강력한 대책을 다시 꺼내 들고 있다.

선진국은 초기에는 신흥국과 달리 제도화하려는 움직임을 보였다. 2017년 12월 미국은 비트코인을 시카고옵션거래소(CBOE)와 시카고상품거래소(CME)에 순차로 상장시켰다. 도널드 트럼프 정부 마지막 해인 2020년에는 페이스북의 리브라를 국가에서 흡수하는 방안까지 검토한 적이 있다. 2021년 8월에는 가상화폐 거래소인 코인베이스가 나스닥 시장에 상장해 시가총액 1위 자리를 넘볼 정도다.

하지만 최근에는 선진국들도 비트코인을 비롯한 가상화폐를 규제하려는 방향으로 선회하고 있다. 미국, 유럽, 일본 등 주요 선진국은 비트코인과 가상화폐를 통한 탈루 소득을 색출해 환수하고 투자 차익에 대해서는 고율의 과세를 부과하려는 움직임이다. 신흥국과 다른 것은 4차 또는 6차 산업혁명의 기폭제가 될 수 있는 '블록체인'이라는 산업적인 측면에서 유틸리티 기능은 적극적으로 활용하려는 점이다.

블록체인은 블록(block)을 잇달아 연결(chain)한 모임을 뜻한다. 블록에는 일정 기간 가상화폐 거래 내역이 담겨 있다. 이를 체인으로 묶은 것처럼 연결해 인터넷에 접속된 수많은 컴퓨터에 동시에 저장한다. 모든 정보를 슈퍼 컴퓨터(서버) 한 곳에 저장해 언제든지 해커의 공격을 받거나 오류가 나는 것을 방지할 수 있다.

블록체인 기술은 응용 분야가 무궁무진하다. 이 때문에 JP모건과 같은 글로벌 투자은행부터 월마트와 같은 유통사, 세계 최대 해운회사인 머스크에 이르기까지 블록체인을 상용화할 움직임이 나타나고 있다. 중국 등 신흥국은 지금은 규제하고 있지만 중장기적으로 선진국의 움직임을 따라갈 것이라는 예상이 나오는 것도 이 때문이다.

비트코인과 가상화폐 앞날과 관련해 주목해야 할 또 하나의 논쟁이 있다. '과연 법정화폐가 될 수 있느냐' 하는 점이다. 빌 게이츠 마이크로소프트 회장은 "비트코인이 달러보다 낫다"라고 긍정적인 입장을 표명했다. 반면 워런 버핏 버크셔 해서웨이 회장은 "비트코인에 가치가 있다는 것은 수표를 만드는 종이에 가치가 있다는 것이다"라고 반박했다.

비트코인은 디지털 단위인 '비트(bit)'와 '동전(coin)'을 합친 용어다. 2009년 비트코인을 처음 개발한 '나카모도 사카시'라는 가명의 프로그래머는 빠르게 진전되는 온라인 추세에 맞춰 갈수록 기능이 떨어지는 달러화, 엔화, 원화 등과 같은 기존의 법화(法貨, legal tender)를 대신할 새로운 화폐를 만들겠다는 발상에서 비트코인을 개발했다.

비트코인과 가상화폐가 화폐가 되기 위해서는 거래 기능, 가치 저장 기능, 회계 단위 등의 3대 기능을 다 할 수 있어야 가능하다. 이런 요건을 갖춰다 하더라도 국민의 보편적인 화폐로 정착되기에는 상당한 시간이 필요하다. 공식적으로 기존 화폐를 가상화폐로 대체하는 화폐개혁도 단행해야 한다.

분명한 것은 각국 국민의 화폐생활은 빠르게 변하고 있는 점이다. 가장 큰 변화는 현금 없는 사회가 닥치고 있는 점이다. 오히려 국가의 공식적인 화폐인 법화를 갖고 있으면 부패와 탈세 등의 혐의로 의심받는, 즉 미국 하버드대 케네스 로코프 교수가 주장한 '현금의 저주(curse of cash)' 단계에 이를 정도다.

통화정책 여건도 급변하고 있다. 가장 큰 문제는 종전의 이론과 관행이 적용되지 않는 경우가 발생함에 따라 통화정책의 유효

화폐적 측면에서 법화, 전자화폐, 비트코인 비교

구분	법화	전자화폐	비트코인
발행 기관	중앙은행	전자금융업체	민간업체
발행 규모	중앙은행 재량	법화와 1대1 교환	발행량 고정
거래 기록	필요 없음	청산소	네트워크 참가자
법화 교환 여부		발행사 보장	가능하지만 미보장
법화 교환 비율		고정	수시로 변동
주요 사용처	모든 거래	가맹점	네트워크 참가자

자료 : 한국은행

성이 떨어지고 있는 점이다. 각국 중앙은행은 이런 사태의 심각성을 인식해 '가상화폐 확산'이라는 새로운 환경 속에 통화정책의 유효성을 확보하는 방안을 놓고 고심 중이다.

각국 중앙은행은 △비트코인과 가상화폐가 어느 단계까지 발전하느냐에 따라 달라질 중앙은행의 금리조절 능력 △가변성이 더 높아질 통화유통속도와 통화승수 △잘 작동되지 않을 통화정책의 전달경로 △통화정책 추진 과정에서 흐트러진 정책수단과 중간조작, 최종목표 간 인과관계 재정립 △ 새로운 여건에 통화정책 유효성 증대를 위한 예측력 제고 등을 집중적으로 검토하고 있다.

그 어느 국가보다 우리나라는 가상화폐 투기가 심하다. 투기 광풍 뒤에 버블이 터지고 심한 후유증에 시달리는 것은 자본주의의 피할 수 없는 길이다. 부패가 심하고 화폐개혁 필요성도 거론된다.

법화 시대에 있어서 화폐개혁을 추진하는 것만큼 국민의 관심이 높은 것은 없다. 이 때문에 경제가 안정되고 국민의 공감대가 형성돼야 어떤 형태든 화폐개혁의 추진 목적을 달성할 수 있다.

정부 주도의 첫 가상화폐, 페트로에 대하여

2년 전 정부 주도의 첫 가상화폐가 나와 코인 투자자의 가슴을 설레게 한 적이 있다. 베네수엘라 니콜라스 마두라 정부가 발행했던 '페트로(petro)'다. 총 물량은 1억 개로, 1페트로 가치는 베네수엘라산 원유 1배럴 가격에 연동시켜 60달러다. 계획했던 물량이 다 팔렸다면 베네수엘라 정부는 원화로 약 6조 5,000억 원에 달하는 재원을 마련할 수 있었다.

목적은 디폴트 타개다. 고유가를 바탕으로 '모든 국민에게 무상원조'라는 비현실적인 '차베스·마두라 구상'이, 국제유가가 떨어지기 시작하면서 경제를 파탄으로 내몰았기 때문이다. 법정화폐인 볼리비아화가 휴지가 된 여건에서 이를 바탕으로 한 디폴트 타개책은 백약이 무효가 될 수밖에 없다.

베네수엘라 경제는 전형적인 스태그플레이션 국면에 빠졌다.

특히 소비자물가상승률은 차베스에 이어 마두라 시대에도 하이퍼 인플레이션 국면이 지금까지 지속되고 있다. 경제고통지수(실업률+소비자물가상승률)가 더는 견디지 못할 만큼 치솟자 조국을 등지고 콜롬비아, 칠레, 브라질 등 인접국으로 떠난 국민이 30퍼센트를 넘는다.

성공 여부를 떠나 페트로는 화폐 발행 역사상 큰 의미가 있다. 무엇보다 정부 주도의 첫 가상화폐라는 점이다. 페트로 발행계획 물량 1억 개 가운데 최소한 50퍼센트만 소진된다면 법정화와 화폐개혁 문제를 비롯해 각국 정부와 중앙은행의 가상화폐에 대한 정책에 커다란 변화를 몰고 올 가능성이 높았다.

비트코인을 비롯한 가상화폐 투자자에게도 '재생의 기회'가 될 수 있다. 2021년 4월 중순 비트코인 가격이 65,000달러 도달 이후 일반인은 순간 폭락' 직전에 가상화폐를 사들였기 때문에 매우 어려운 처지다. 한때 제로 수준까지 떨어질 것이라는 예상이 나돌았던 비트코인 가격이 다시 회복하는 추세다.

'금본위제, 즉 브레튼우즈 체제의 부활'이라는 점에서도 주목된다. 2차 대전 이후 리처드 닉슨 전 미국 대통령이 금 태환 정지를 선언하기까지 달러 가치는 금 가격에 연동(1온스=35달러)시켜 유지했다. 페트로 가치는 베네수엘라가 세계 최대 매장량을 보유한 원유(1배럴=60달러)와 연계시켜 '원유 본위제'라는 용어가 나온 것도 이 때문이다.

국제원자재 세계단일통화 구상인 테라의 시발점이 될 수 있다는 지적도 눈여겨볼 필요가 있다. 요즘 인기를 끌고 있는 맥주 브랜드인 테라는 라틴어로 '지구'라는 의미로 유로화 창시자인 리태어 전 벨기에 루뱅대 교수가 주장한 세계단일통화 구상이다. 테라 가치를 원자재 가격과 연동시킨다는 점에서 페트로와 비슷하다.

페트로에 대한 평가는 '극'과 '극'으로 나뉜다. 후손 대대로 물려줘야 할 부존자원인 원유를 현 세대, 특히 차베스와 마두라 전현직 대통령이 저지른 디폴트를 타개하기 위한 수단으로 악용하는 것은 '희대의 사기극'이라고 비판한다. 베네수엘라 내부 지식인 뿐만 아니라 중남미 우파와 국제금융시장에서도 대부분이 이 시각이다.

반면에 '기발한 혁신'이라는 평가도 있다. 화폐발행을 늘려 전쟁과 같은 위기를 극복하는 인플레이션 대책과 달리 페트로 발행은 고정돼 있어 베네수엘라 경제의 최대 난제인 하이퍼 인플레이션을 잡는데 효과적인 대책이 될 것이라는 주장이다. 주로 마두라 대통령을 비롯한 베네수엘라 좌파 세력들의 시각이다.

디폴트 타개책으로 페트로가 성공하기 위해서는 최소한 세 가지 요건을 갖춰야 한다. 정부 주도의 첫 가상화폐인 만큼 베네수엘라 국가 신인도가 선결 요건이다. 3대 국제신용평가사가 베네수엘라의 국가신용등급을 정크 단계로 강등시킨 지는 오래됐다. 가상화폐 투자를 바라보는 분위기도 부정적이다.

페트로 가치를 원유에 연계시킨 만큼 유가는 '변동성(volatility)'은 적어야 하고 '수준(level)'은 일정 수준 이상 유지돼야 한다. 금융위기 이후 각종 가격변수의 변동성이 확대되는 가운데 유독 유가의 변동성이 가장 크다. 대체 에너지 개발이 많이 된 수급 여건에서 유가가 페트로 출발선인 60달러 이상 수준이 지속 유지되기가 어렵다는 시각이 많다.

미국의 입장도 중요하다. 페트로 성공 여부의 열쇠를 쥐고 있는 조 바이든 정부는 베네수엘라와의 모든 직간접 금융거래를 금지하고 있다. 줄타기 외교에 능숙한 마두라 대통령이 기대하고 있는 중국과 러시아의 참여도 미국과의 관계를 감안하면 쉽지 않다. '희대의 사기극'이냐 '기발한 발상'이냐 현재로서는 전자로 끝날 가능성이 높아보인다.

현금의 미래

5년 전 유럽중앙은행(ECB)이 최고권종인 500유로 발행을 중단한다는 충격적인 발표에 마리오 드라기 당시 ECB 총재(현재 이탈리아 총리)는 500유로를 폐지해야 한다는 주장을 펼쳐왔다. 미국에서도 래리 서머스 하버드대 교수 등이 100달러 폐지 주장을 지속해온 만큼, 앞으로 어떤 조치를 내놓을지도 관심사로 대두되고 있다.

실제로 2019년부터 500유로 발행을 중단한 것은 갈수록 대안화폐 비중이 높아짐에 따라 고액권일수록 화폐 기능을 수행하지 못하는 대신 뇌물과 탈루 수단 등으로 악용되고 있다는 ECB와 드라기 전 총재의 인식에 따른 조치다. 심지어는 테러와 조직범죄 재원으로 사용돼 이를 차단하기 위해서라도 500유로 발행 중단은 불가피하다는 것이다.

하지만 근본 이유는 다른 데 있다. 마이너스 금리 예치제 효과를 보완하기 위한 목적 때문이다. 이 제도는 은행이 자금을 중앙은행에 예치해 쉽게 영업하지 말고 적극적으로 대출을 도모하라는 취지에서 추진된 조치다. 경험국의 사례를 보면 이 제도는 궁극적으로 민간 예금의 마이너스 금리로 귀착된다.

민간이 예금할 때 마이너스 금리인 수수료를 낸다면 여유 자금을 은행에 예치하기보다 소비하면 경기가 살아날 수 있다고 쉽게 생각할 수 있다. 하지만 현실에서는 정반대 상황이 발생한다. 오히려 마이너스 금리 도입 이전에 은행에 예치했던 예금까지 인출해 시장에서 퇴장시킨다. 유럽의 부자들 사이에 개인 금고를 갖는 것이 유행인 것도 이 때문이다. 이 경우 최고 권종이 자연스럽게 선호되면서 금융과 실물 간 연계성이 떨어져 경기는 더 침체된다.

주요국의 고액권 회수율을 보면 그대로 드러난다. 미국에서 100달러 회수율은 2013년 82퍼센트에 달했지만 코로나 사태 이후에는 70퍼센트 밑으로 떨어졌다. 일본, 중국 등 세계 모든 국가도 비슷했다. 한국은 유독 더 심하다. 코로나 직후에는 5만 원권의 회수율이 25퍼센트까지 떨어져 미국의 절반 이하 수준에 불과했다. 5만 원권 무용론과 폐지론이 동시에 나올 정도다.

금융권에서 돈이 아예 퇴장되면 경제활력이 떨어진다. 마이너스 금리제도 도입 이후 유럽, 일본의 대표적인 경제활력지표인 통화유통속도(국내총생산(GDP)/통화량(M2))와 통화승수(통화량(M2)/본원통화량)가 떨어지는 추세가 뚜렷하다. ECB, 일본은행(BOJ)을 중심으로 각국 중앙은행이 고민하는 대목이다.

마이너스 금리제도는 정책 무력화 명제와 같은 연관이 있다. 통화정책 무용론이 제기된 지는 오래됐다. 경제주체가 미래를 불확실하게 생각함에 따라 금리인하와 총수요 간 민감도가 떨어지면서 통화정책 전달경로가 제대로 작동되지 않기 때문이다. 금융위기 이후 선진국이 제로 금리정책을 일제히 추진함에 따라 이제는 경기부양을 위해 금리를 내리고 싶어도 더 내릴 수 없는 상황에 몰리고 있다.

마이너스 금리제도는 일종의 화폐 환상인 민간의 '부채 경감 신드롬'을 이용하기 위해 적정수준보다 낮은 금리를 더 떨어드려 경기를 부양하는 극약처방이다. '브라운식 통화정책'이란 별칭도 따른다. 하지만 가계부채 부실 등과 같은 경제주체의 현금흐름상에 문제가 있으면 경기부양 효과보다 또 다른 위기를 일으킬 가능성도 만만치 않다.

씨티그룹의 윌럼 뷰이터 이코노미스트 등이 "앞으로 현금만 들고 있으면 세금을 물려야 한다"는, 부자들이 가장 예민하게 생각하는 '헬(hell, 지옥) 세금' 방안이 나오는 것도 이 때문이다. 어떤 조치든 돈을 돌릴 수 있어야 경기가 살아날 수 있다는 절박감에서 나오는 구상이다. 더 주목되는 것은 모든 현금을 폐지해야 한다는 급진적인 방안까지 나오고 있다는 점이다.

중요한 것은 최고권종 발행 중단, 보유현금 과세, 현금 폐지론 등을 강구하면 과연 경기가 살아날 수 있느냐 하는 점이다. 어떤 방안을 동원하더라도 여유 자금(현금)을 써야 경기가 살아날 수 있다. 총수요 항목별 기여도에서 소비가 차지하는 비중이 70퍼센트 이상인 선진국일수록 더 그렇다. 한국도 민간소비 기여도가 70퍼센트에 달한다.

금융위기와 코로나 사태 이후 각국 중앙은행이 금융완화정책을 추진해왔어도 소비가 빨리 살아나지 못해 세계 경제가 저성장 국면에서 쉽게 탈피하지 못하고 있다. 가장 큰 이유는 종전의 이론으로 설명할 수 없는 뉴노멀 또는 뉴앱노멀 환경이 도래됨에 따라 경제주체가 느끼는 미래에 대한 불확실성이 높아졌기 때문이다.

항상소득가설(밀턴 프리드먼), 생애주기가설(안도, 모딜리아니) 등 소비이론에 따르면 미래가 확실해져 기대소득(항상소득)이 높아져야 소비를 늘릴 수 있다. 마이너스 금리제 등은 기대소득을 낮추는 요인으로 소비보다 저축을 늘리는 부작용이 더 크게 나타난다. 우리 부자들이 은행의 예금을 기피하면서 최고권종인 5만원권을 금고에 쌓아두는 이유이기도 하다.

리디노미네이션의 조건

우리 사회에서 잊을 만하면 '리디노미네이션' 논쟁이 재연된다. 재태크 입장에서는 화폐개혁만큼 관심이 되고 추진되면 커다란 변화를 몰고 올 정책도 없다. 리디노미네이션이란 화폐가치에는 변동을 주지 않으면서 거래단위를 낮추는 것을 의미한다. 이를테면 달러당 네 자리대의 원화 환율을 세 자리대나 두 자리대로 축소하는 조치를 말한다.

특정국에서 리디노미네이션을 단행할 경우 △거래 편의 제고 △기장처리 간소화 △인플레이션 기대심리 차단 △대외위상 제고 △부패와 위조지폐 방지 △지하경제 양성화 등의 장점이 있다. 하지만 △화폐 단위 변경에 따른 불안 △부동산 투기 심화 △화폐주조비용 증가 △각종 교환비용 등 단점도 만만치 않다.

문재인 정부 들어서도 리디노미네이션 논의가 끊이지 않는 것은 우리 경제 위상에 맞지 않는 원화 거래단위로 충격을 더 받는 다는 이유에서다. 하드웨어 면에서 우리는 이미 선진국으로 분류된다. 세계 모든 국가 가운데 2020년 말 기준으로 소득 규모(GDP)로는 10위, 무역액은 8위, 시가총액은 7위다. 1인당 소득 3만 달러와 인구 5천만 명을 동시에 넘는 일종의 국력지표인 30K-50M 클럽에도 세계에서 일곱 번째로 가입했다.

하지만 부패도 지수, 지하경제 규모, 조세피난처에 숨겨놓은 검은 돈 등으로 평가되는 소프트웨어 면에서는 신흥국으로 분류된다. 대표적으로 매년 12월 반부패의 날을 앞두고 발표하는 독일의 국제투명성기구(TI)의 부패도 지수(CPI)를 보면 경제발전 단계를 감안한 부패가 가장 심한 국가로 지속되고 있다.

투자국 지위도 파이낸셜타임스지수(FTSE)로는 '선진국', 모건스탠리캐피털인터내셔널지수(MSCI)에서는 '신흥국'으로 분류된다. 준선진국인 셈이다. 하지만 화폐 단위로 본다면 1달러에 네 자리대 환율을 유지하고 있어 우리보다 경제발전 단계나 국제위상이 훨씬 떨어지는 국가에 비해 많다. 한마디로 달러에 붙는 원화의 '0'의 개수가 너무 많다는 의미다.

역사적으로 우리와 같이 선진국과 신흥국에 준선진국 또는 중간 위치에 있는 국가들은 최근처럼 대전환기에는 쏠림 현상이 심하게 나타난다. 좋을 때는 선진국 대우를 받아 외국인 자금이 대거 들어오다가 나쁠 때는 신흥국으로 전락해, 들어왔던 외국인 자금이 한꺼번에 빠져나가면서 커다란 어려움이 닥친다. 이른바 '샌드위치 위기'다.

문재인 정부 들어 리디노미네이션 논의가 재연되는 것도 외형상 지위에 맞게 부패를 척결하고 화폐거래 단위를 변경해 쏠림현상을 줄이자는 목적에서다. 비슷한 목적으로 2000년 이후 각국은 신권을 발생했다. 미국은 20달러, 50달러, 100달러짜리 새롭게 도안했고, 일본은 20년 만에 10,000엔, 5,000엔, 1,000엔짜리 신권을 발행했다. 신흥국들도 신권을 내놓았다.

눈에 띄는 것은 신권을 발행해 목적을 달성한 국가들은 두 가지 공통점이 발견된다. 하나는 새로운 화폐를 발행해 기존 화폐를 1대 1로 완전히 대체한 점과, 다른 하나는 화폐거래단위를 축소하는 리디노미네이션을 병행하지 않는 점이다. 미국, 일본 등 선진국들과 2016년 인도의 니헨드라 모디 정부가 단행했던 급진적인 화폐개혁이 해당한다.

하지만 신흥국은 리디노미네이션을 결부시켜 신권을 발행한 국가가 의외로 많다. 이 국가들은 부패와 위조지폐 방지, 대외위상 증가 등의 목적을 달성하는 것은 고사하고 물가가 앙등하고 부동산 투기가 거세게 불면서 경제가 더 불안해졌다. 터키, 모잠비크, 짐바브웨가 그랬고 2009년에 단행했던 북한도 실패했다.

여러 이유를 꼽을 수 있겠지만 법화 시대에 있어서 신권을 발행하는 것만큼 국민의 관심이 높은 것은 없다. 리디노미네이션을 병행할 경우에는 더 그렇다. 특히 경제활동의 비중이 높은 부자들과 대기업들의 저항이 크다. 이 때문에 경제가 안정되고 국민의 공감대가 형성돼야 신권 발행과 리디노미네이션 단행의 목적을 거둘 수 있다.

선진국들은 이 전제조건의 성숙 여부를 중시했지만 신흥국들은 위조지폐가 발견되거나 부정부패가 심하고 최근처럼 대규모 자금이탈이 심한 긴박한 상황에서, 그것도 급진적인 리디노미네이션까지 병행해 단행했다. 전제조건 충족 여부보다 상황 논리에 밀려 논의되고 추진됐다는 의미다. 바로 이 점이 결과의 차이다.

우리도 리디노미네이션 논의가 잊을 만하면 나오는 것은 경제 규모가 커졌지만 1962년 화폐개혁 이후 액면 단위는 그대로이기 때문이다. 기업회계에선 조(兆)원, 금융시장에선 경(京)원까지 심심찮게 나온다. 원화 거래단위도 달러화의 1,000분의 1로 여겨지는 등 경제 위상과도 맞지 않다. 리디노미네이션의 필요성은 충분히 일리가 있다.

하지만 최근처럼 국내 정세가 어수선하고 테이퍼링 추진에 따른 금융 불안이 심해지는 상황에서 화폐개혁에 해당하는 리디노미네이션을 단행하거나, 논의하는 자체도 상당한 부작용이 예상된다. 국내 정세가 안정되고 국민의 공감대가 충분히 성숙될 때 논의되고 추진해야 한다.

네거티브 재테크가 뜬다

앞으로 대내외 재테크 환경에는 지각변동이 일어날 것으로 예상된다. 언제 시작될지 시간 문제일 뿐, 정책적으로는 Fed가 테이퍼링을 추진할 예정이다. 본격적으로 전개될 디지털 통화 시대도 앞두고 있다. 이에 앞서 금융 산업에서는 핀테크 바람도 거세다. 예금금리도 초저금리 국면을 앞으로 상당 기간 벗어나지 못할 것으로 예상된다.

유럽중앙은행(ECB)과 일본은행(BOJ)이 마이너스 금리제를 추진한 지도 오래됐다. 은행에 예금해도 이자를 받기보다 보관 수수료를 내야 한다는 의미다. 파격적인 이 제도를 ECB와 BOJ가 공식적으로 도입한 것은 국민과 기업이 예금하지 말고 그대로 소비나 투자하면 경기를 살릴 수 있다는 의도에서다. 그 이후 북유럽 국가를 중심으로 마이너스 금리제를 속속 도입하고 있다.

우리도 기준금리가 0.75퍼센트 수준이다. 저금리를 유지하는 것이 경기부양 목적이라면 금융 소비자 입장에서 비용금리인 대출금리가 낮아야 한다. 하지만 은행에서는 비용금리인 예금금리를 대출금리보다 월등히 낮게 유지하고 있다. 오히려 예대 마진 폭 확대에 따라 코로나 사태로 소상공인이 거리로 내몰리는 상황 속에서도 은행은 사상 최대 수익이 났다고 난리다. 하지만 사회적인 시선은 곱지만은 않다.

예금금리가 저금리 국면이 지속될 경우 국민과 기업들은 은행에 저축할 유인이 사라지게 된다. '저축 무용론'이 거세게 부는 배경이다. 거시경제 측면에서도 자본 축적 여부와 관계없이 돈이 남아돌면 절약의 역설 시대에 접어든다. 이때 저축하면 오히려 경기를 살릴 수 없기 때문에 저축 무용론이 더 힘을 얻게 된다.

증권사는 은행에서 이탈되는 돈, 즉 뉴 머니를 잡아야 한다. 개인도 이제는 저축이 아니라 투자해야 재산을 늘릴 수 있다. 투자란 위험을 감수해야 수익을 얻을 수 있다는 의미다. 하지만 갈수록 경쟁이 치열해지고 모든 것이 보이는 '증강현실' 시대에서는 위험을 감수하더라도 종전만큼 수익이 나지 않는다. 금융상품 수익률의 하향 평준화 현상도 뚜렷하다.

앞으로 '포지티브 재테크'에서 '네거티브 재테크'가 뜰 것이라는 예상이 나오는 것도 이 때문이다. 전자는 남아도는 돈을 굴려 자신의 재산을 늘리는 종전의 재테크 개념이다. 이에 반해 후자는 자신의 재산을 늘리는 데 들어가는 세금, 수수료 등을 줄여 손에 들어오는 가처분 수익을 늘리는 재테크를 말한다.

국민연금을 비롯한 각종 연금과 보험 등이 대표적인 네거티브 재테크 금융상품들이다. 수익도 중요한 목표이긴 하지만 50년 이상 길어진 은퇴 이후 들어가는 비용을 줄이는 데 주목적이 있기 때문이다. 확실한 기대 수익이 예상되면 부채를 잘 활용하는 것도 여기에 속한다. 그 반대의 경우는 부채부터 우선 갚아야 한다.

남아도는 돈을 투자해 수익을 내고 각종 비용을 줄이는 것이 바로 자산관리다. 글로벌 선도 투자은행들은 자산관리에 주력한 지 오래됐다. 국내에서도 자산관리에 일찍부터 눈을 떠 이제는 탄탄한 수익기반을 갖고 가는 금융 전문 그룹이 있으나 대부분 국내 금융사들이 자산관리를 표방하고 있다.

자산관리를 표방하더라도 곧바로 금융사의 수익과 고객의 자산이 늘어나는 것은 아니다. 지금은 뉴노멀 시대라 종전 이론과 관행으로 설명되지 않는 예기치 못한 상황, 즉 '노이즈(noise)'가 수시로 발생한다. 이때는 오랫동안 시장 경험이 축적돼 있어야 이 현상을 제대로 파악해 고객을 올바른 방향으로 안내할 수 있다.

설령 스카우트 등을 통해 단기간에 자산관리 인력을 갖춰다 하더라도 글로벌 경험이 없다면 금융사나 고객들이 만족할 만한 수익을 낼 수 없다. 통계기법상 요인분석을 통해 주가, 금리, 환율, 경우에 따라서는 부동산 가격 등 자산관리 수익변수의 결정력을 따져보면 한국의 경우 글로벌 요인이 80퍼센트, 우리 요인이 20퍼센트 정도 좌우되는 것으로 추정된다.

세계와 한국 경제가 동조화 현상을 보일 때는 우리 경제만 생각해서 고객의 자산을 관리해주더라도 큰 무리는 없다. 하지만 탈동조화 현상을 보일 때는 사정은 달라진다. 우리 경제만 감안해 고객의 자산을 관리해주면 커다란 손실을 볼 수 있기 때문이다. S자형 이론으로 볼 때 우리는 성장 속도가 둔화하는 단계에 진입해 성장률이 4퍼센트 이상 올라가기는 힘든 여건이다.

이 때문에 글로벌시장은 한눈에 꿰뚫어볼 수 있는 '직관력(insight)'과 높은 수익이 기대되는 글로벌 재테크 수단을 적기에 우리 국민에게 가져다줄 수 있는 '망(network)'을 구축해야 제대로 된 자산관리가 가능하다. 앞으로는 글로벌 자산관리가 가능한 금융사만이 고객으로부터 환영받는 시대가 올 것으로 예상된다.

여섯 번째 통찰

세계적인 투자
구루의 가르침

워런 버핏과
조지 소로스의 차이점

부자가 되려는 사람들은 모두가 워런 버핏과 조지 소로스를 꿈꾼다. 그만큼 세계 금융권에서 이 두 사람의 영향력이 막강하기 때문이다.

현재 이 양대 투자 구루가 정확히 얼마를 갖고 있는가는 알려진 것이 없다. 특히 소로스의 경우가 그렇다. 돈을 많이 갖고 있을수록 부자들의 전형적인 특징이기도 하다. 분명한 것은 기업경영을 통해 돈을 번 사람을 제외하고는 돈을 굴려 부자가 된 전형적인 재테크형 부자 가운데에서는 쌍두마차라는 점이다.

하지만 이 두 투자 구루에 대한 평가는 사뭇 다르다. 버핏은 '오마현의 달인'이라는 칭송을 제외하고는 누구에게나 거부반응이 없다. 마치 '이웃 아저씨'와 같은 인상을 풍긴다. 반면 소로스는 '냉혈 인간'이라는 표현이 말해주듯 모든 사람이 다가갈 수 없는 사람으로 비친다. 특히 외환위기를 겪었던 우리 국민에게는 부정적인 인상이 더 강했다.

같은 부자라 하더라도 왜 이렇게 다른 평가가 나오는 걸까. 다 그런 것은 아니지만 코로나 사태 이후 주식 열풍이 불면서 오로지 부자가 되겠다는 일념으로 돈만을 추구하는 일부 우리 국민에게는 많은 시사점을 던져준다. 때문에 단순히 슈퍼 리치라는 점 이외에도 이 두 투자 구루를 철저하게 분석할 필요가 있다.

무엇보다 두 투자 구루가 걸어온 길부터 다르다. 버핏은 부모로부터 돈에 관한 모든 것을 어릴 적부터 배웠다. 이른바 몸에 밴 체화된 부자다. 이에 반해 소로스는 성장 과정이 잘 알려져 있지 않다. 세상에 알려지기 시작한 것도 1990년대 초에 유럽 지역을 커다란 혼란에 빠트렸던 통화위기의 주범이라는 사실로부터다.

부자들이 추구하는 돈에 대한 관념도 다르다. 버핏은 부모 세대로부터 돈은 그 자체가 목적이 아니라 일상생활을 영위해 나가는데 하나의 도구로 생각해왔다. 다시 말해 돈을 벌거나 쓰는 데 있어서 여유가 있다는 의미다. 반면 소로스는 돈이 주는 다양한 이점보다 돈 그 자체만을 버는 데 우선순위를 둔 것으로 비쳐져 왔다. 아시아 외환위기 이후 달러화로 푹 둘러싸인 소로스의 웃는 얼굴이 아직도 기억에 생생하다.

돈에 대한 개념은 일상생활이나 투자방법, 부자가 된 이후 돈을 어떻게 쓰는가에 영향을 미친다. 우선 일상생활에서 버핏은 고

루하게 느껴질 정도의 오래된 뿔테 안경과 20년 이상 된 캠리 자동차, 오마현의 작은 집이 그 모든 것을 말해준다. '검소하다'는 말 그 자체다. 얼마를 버는 것보다 얼마를 쓰느냐가 더 중요하다는 것을 실천적으로 보여준다.

버핏만큼은 못하지만 소로스도 일상생활에서 검소한 것으로 알려져 있다. 일상생활에서 검소한 것은 이들 두 투자 구루뿐만 아니라 모든 슈퍼 리치들이 갖고 있는 공통된 특징이기도 하다. 한국의 부자들도 마찬가지다. 다만 돈을 벌기 위해서는 돈을 아끼지 않는 것은 버핏과 다른 점이다. 투기적인 성향이 높은 투자 구루의 전형적인 모습이다.

돈에 대한 개념은 돈을 버는 방법에서부터 차이가 난다. 돈에 대해 여유가 있는 버핏은 돈을 버는 데 조급해하거나 남에게 피해를 주는 비정상적이고 이기적인 방법을 가능한 한 피한다. 이 때문에 단기적인 투기가 아니라 중장기적인 안목에서 투자가 가능해진다. 그때그때 시장 흐름보다 큰 추세만을 중시하기 때문에 투자에 따른 비용과 피로도 함께 줄어든다.

같은 맥락에서 우량 종목은 언젠가는 시장에서 평가받는다는 이른바 가치투자가 가능해진다. 지금은 낮게 평가되고 있지만 이를 사서 오랫동안 보유할 경우 후에 큰돈을 벌 수 있다는 가치투자의 원칙은 국내뿐만 아니라 세계 증시의 큰 축이 되고 있다. 이 원칙을 지킬 경우 시장을 교란하지 않으면서 예상할 수 있고 투명성이 확보되는 투자 문화와 기업에는 정도경영(正道經營)을 촉진시키는 장점도 따른다.

반면 소로스는 상당히 다르다. 장기적인 투자보다 초단기적인 투기를 더 선호한다. 소로스가 가장 왕성하게 활동하던 1990년대의 경우에는 하루에도 몇 차례씩 주식과 각국의 통화를 사고판 적이 많았다. 특히 일반인들이 쉽게 접근할 수 없는 외환과 같은 시장일수록 이런 투기행위를 즐긴다.

투기행위로 돈을 벌기 위해서는 시장에 순응하기보다 시장을 교란시켜야 한다. 또 조금이라도 틈이 있고 비정상적인 흐름이 나타날 때 놓치지 않고 파고든다. 소로스가 운용하는 타이거 펀드와 퀀텀 펀드는 시장의 주도력을 십분 활용해서 1990년대 초반의 유럽통화와 1990년대 후반의 아시아 통화를 실제 여건보다 심하게 흔들어놓으면서 궁극적으로는 위기로 몰아넣었다.

물론 시장을 쉽게 흔들어놓기 위해서는 고도의 금융기법이 요구된다. 1990년대에 타이거 펀드와 퀀텀 펀드가 사용했던 파생금융 기법은 지금도 이해하지 못한다고 한다. 소로스가 다양한 파생기법 등을 통해 세계 금융발전에 기여해왔다는 평가를 받는 것도 이런 이유에서다. 하지만 그 이면에는 많은 국가와 투자자들의 희생이 뒤따르고 금융시스템의 투명성과 안정성을 떨어뜨린 부정적인 평가도 긍정적인 평가에 못지않다.

대표적으로 외환위기를 겪은 우리를 비롯한 아시아 국민이 당한 고충을 생각하면 이 같은 부정적인 이미지는 확연하게 알 수 있다. 아시아 외환위기가 전적으로 소로스의 책임은 아니지만 아시아 국민이 당한 피해액은 당시 한 해 전 세계 국민이 만들어내는 소득(GDP)과 맞먹는다는 것은 구체적인 수치를 들지 않더라도 짐작이 간다.

부자가 된 이후에도 이 두 투자 구루의 걷는 방향에서도 확연하게 차이가 난다. 2006년에 버핏은 평생 번 돈의 4분의 3을 사회에 환원해 '오마현의 달인'과 함께 '박애주의자'라는 칭송을 함께 받았다. 그것도 오해의 소지를 줄이기 위해 자신이 운영하는 재단보다는 빌 게이츠가 운용하는 재단에 기부했다. 세금을 회피하거나 보다 큰돈을 벌기 위한 '나쁜 기부'가 아니라 액면 그대로의 순수한 '착한 기부'다.

자기 자신의 자녀들에 대한 상속도 인색하다. 자녀들이 사회적으로 활동하는 데 필요한 최소한의 규모 이외에는 상속이 필요 없다는 것이다. 너무 많은 상속은 자녀들이 정상적인 사회활동을 망치게 할 수 있다는 것이 그의 지론이다. 오히려 2007년 11월에 열렸던 미국 의회 청문회에서는 상속세 등은 반드시 존속해야 한다는 입장을 표명해 또 한 번 미국 국민들을 놀라게 했다.

반면 소로스는 아직까지 이 점에서는 철저하게 베일에 가려 있다. 심지어는 자녀들이 정확하게 몇 명이 있는지조차 알려져 있지 않다. 바라건대 나중에 인류공영 차원에서 재산을 한꺼번에 사회에 환원하면 좋겠지만 최근 들어서는 잇따른 투자 실패로 재산 규모가 줄어들고 있다.

똑같은 부자라 하더라도 두 투자 구루에 대한 평가가 다른 이유다. 나이가 들수록 버핏은 미국을 비롯한 세계금융시장에 미치는 영향력이 커지고 있다. 이제는 그의 말 한마디와 행선지, 보유 종목 등은 세계인의 관심을 끈다. 앨런 그린스펀 전 Fed 의장이 '세계 경제 대통령'이라고 부른다면 버핏은 '세계 투자 대통령'으로 불리고 있다.

소로스는 어떤가. 갈수록 영향력이 줄고 있다. 코로나 사태 등으로 최근과 같은 어려운 상황에서 미국 의회 등이 정책적으로 조언을 구하고자 부르는 경우는 없다. 국내 출판업계에서조차도 버핏과 관련된 책들은 여전히 많이 나오고 있으나 소로스와 관련된 책자는 이제는 거의 없다.

한국 부자들이 진정한 의미의 부자라고 여기는 워런 버핏은 평생 돈을 어떻게 벌었을까. 무엇보다 버핏은 돈을 벌기에 앞서 앞으로 다가올 트렌드를 읽는 데 중점을 둔다. 세계 경기가 어떻게 될 것인지, 어떤 산업이 떠오를 것인지, 각국의 인구구성은 어떻게 변하는지 등에 대해 철저하게 분석하는 것으로 알려져 있다.

이때는 재산이 한 단계 늘어나는 것에 따른 만족도(한계효용)가 증가하더라도 그 자체로 만족하기보다 돈을 벌기 위한 인프라에 더 투자한다. 생애주기에서 유아기에는 부모들의 도움이 절대적으로 필요하듯이 버핏은 이 시기에는 나중에 언제든지 도움이 될 수 있는 예측기관이나 사람과의 네트워크를 구축하는 데 주력하는 점이 눈에 띈다.

트렌드를 파악하고 난 후 투자실행 단계에서는 '파레토 전략'과 '루비콘 기질'을 발휘한다. 우량대상만을 골라 투자하는 파레토 전략처럼 돈을 벌 수 있는 확실한 투자수단을 선택하되, 일단 선택하면 루비콘강을 건너면 되돌아올 수 없듯이 어떤 위험이 닥치더라도 초지일관 밀어붙인다. 이때 참조하는 것이 'S'자형 이론이다.

청소년기에는 하루가 다르게 키가 크듯 이때는 재산이 늘어나면 한계효용이 체증적으로 늘어나는 시기로, 버핏은 누가 뭐라고 하더라도 한눈팔지 않고 돈을 버는 그 자체를 즐긴다. 이 때문에 의도적으로 언론이나 시장에 드러나는 일은 피한다. 특히 언론 인터뷰에 가능한 한 응하지 않는다.

재산증식이 어느 정도 단계에 이르면 투자에서는 돈 이외의 다른 목적을 고려하기 시작한다. 이를테면 노후도 대비하고 현재의 삶에도 보탬이 되는 색다른 투자방법을 중시한다. 신재생 에너지에 투자한다는 명분으로 시골 전원을 자주 찾거나 성장 잠재력이 있는 예술가의 작품에 투자하기 위해 예술적 심미안을 가져보거나 장기 투자 목적으로 해변 휴양지에 저택을 사들여 지금 당장

삶도 즐기는 방안 등이다.

이때는 재산증식에 따른 한계효용이 늘어나지 않아 단순히 돈을 버는 것만으로 만족하지 못하는 시기다. 생애 재테크상 '죽음의 계곡(death valley)'이라 부르는 이 시기에 돈을 쓰기 시작하면 최근처럼 세계적인 부자로 성장하지 못했다. 오히려 한계효용이 떨어진 돈을 대신해 지금은 당장 돈이 되지 않지만 현재와 노후의 삶에 보탬이 되고 후에 재산 가치가 올라가는 투자대상을 선택하면서 세계적인 부자로 성장할 수 있는 결정적인 계기가 됐다.

재산이 많은 것이 신변 위협 등으로 부담이 되는 때는 재산증식에 따른 한계효용과 절대효용이 떨어지는 단계다. 이 시기에 버핏은 지금까지 벌어온 재산을 사회적으로 공유하는 쪽으로 중점을 둔다. 나눔과 기부를 통해 명성을 얻고 이 명성을 통해 또다시 재산을 늘려가기 때문에 실제로 재산 규모는 줄어들지 않는다. 인터넷과 SNS 등을 타고 두텁게 형성되는 '긍정적 편향' 때문이다.

버핏이 지금처럼 세상 사람들로부터 존경받는 부자가 된 것은 이 시기에 처신을 잘했기 때문이다. 졸부들은 재산을 움켜쥐어 죽어서도 남에게 손가락질을 받지만, 진정한 의미의 부자들은 재산 이외 사회적인 책임을 다함으로써 죽은 후에도 사람의 기억에서 지워지지 않는 존경받는 부자로 남는다. 영원한 부자가 되는 셈이다. 기업도 마찬가지다.

사람마다 투자방법이 바뀌는 시기와 돈에 대해 느끼는 효용은 다를 수 있기 때문에 모든 사람이 버핏이 되라는 것은 아니고 될 수도 없다. 하지만 매년 발표되는 '세계 부(富)의 보고서'를 분석해보면 생애주기에서 단계별로 요구되는 '젊음과 모험→중용과 지혜→겸손과 배려'를 재산증식 과정에서 그대로 수용해 가장 잘 활용한 사람일수록 세계적인 슈퍼 리치로 성장한다.

지금 이 순간에도 돈을 벌려고 애쓰는 사람들에게나 단순히 재산이 많고 적음에 가치가 매겨지는 우리 사회에 많은 시사점을 던져준다. 특히 우리 부자들은 세계적인 부자들에 비해 돈에 갇히고 돈을 이기심에서 움켜쥐는 이른바 '졸부형' 부자들이 많다. 인생에 행복을 가져다주고 세상 사람들로부터 존경받는 진정한 의미의 부자란 남을 배려하는 가운데 돈을 버는 부자가 아닌가 생각한다.

고수가 위기에 돈을 버는 법

미국에서 서브프라임 모기지 부실에 따른 금융위기가 발생한 지도 10년이 넘었다. 〈파이낸셜타임스(FT)〉 등은 서브프라임 모기지 사태로 투자 손실액이 전 세계적으로 약 1경 원이 넘을 것으로 추산했다.

그런 만큼 실제 피해를 입은 투자자들에게는 서브프라임 모기지 사태는 '재앙'이었다. 특히 정보 취득이나 투자심리를 다스리는 면에서 상대적으로 어려운 개인 투자자들은 커다란 손실을 입어 극단적인 선택 등 사회적인 병리 현상도 많았다. 하지만 모두가 손실을 입은 것은 아니다. 오히려 서브프라임 모기지 사태를 계기로 큰돈을 번 사람들이 의외로 많았다는 것에 전 세계인은 또 한 번 놀라게 된다. 코로나 사태 때는 더하다.

버핏과 같은 세계적인 부자들이 서브프라임 모기지 사태, 코로나 사태처럼 각종 위기가 발생한 직후 큰돈을 벌기 위해 즐겨 쓰는 방법이 '체리 피킹(cherry picking)' 기법이다. 본래 마케팅 용어인 체리 피킹은 요즘에는 증권사를 비롯한 금융권에서 더 많이 사용하는 용어로, 경제여건이나 기업가치에 비해 과도하게 떨어진 국가에 속한 주식이나 업종에 속한 주식만을 골라 투자하는 행위를 말한다.

각종 위기 때 버핏이 주식을 사들이는 것을 월가에서는 이렇게 비유한다. 체리(과도하게 떨어진 주식) 나무로 가득한 과수원(증시)에 빈 봉투(포트폴리오)를 갖고 들어간다. 가까운 체리 나무에서 탐스럽게 잘 익은 체리를 딴다. 그다음 옆의 나무로 이동해서 또 좋아 보이는 체리를 따서 담는다. 이렇게 하다 보면 빈 주머니에는 가장 좋은 체리만을 가득 채울 수 있게 되고 체리 가격이 조금만 올라도 큰돈을 벌 수 있다.

체리 피킹은 그 특성상 버핏이나 브랜드 인지도가 높은 글로벌 투자은행(IB)이 활용할수록 더 큰 효과가 난다. 버핏이 체리 피킹으로 주식을 산다면 먼저 그 주식의 저평가된 가치가 부각된다. 또 매스컴을 통해 이 사실이 공개되면 될수록 버핏이 사들인 주식에 대한 확증 편향까지 생겨, 그때까지 생각지 않았던 투자자(FOMO)들의 주식 매입을 부추기면서 주가 상승세는 기하급수적으로 빨라지기 때문이다.

서브프라임 모기지 사태 이후 주가 하락률을 토대로 체리 피킹에 가장 적합한 국가는 중국, 한국, 동유럽, 중남미 순이었다. 업종별로는 모기지 부실의 직접적인 피해업종인 금융주와 건설주의 주가 하락 폭이 컸다. 한국의 경우에는 특정 증권사가 보유한 업종의 주가가 많이 떨어진 점이 특이했다. 버핏을 비롯한 세계적인 부자들은 이런 주식을 집중적으로 매입해 큰돈을 벌어 재산 규모가 한 단계 더 뛰었다.

주목해야 할 것은 버핏이 체리 피킹을 하더라도 주식을 사들일 때는 철저하게 '피라미딩(pyramiding)' 원칙을 지킨다는 점이다. 피라미딩은 주식을 살 때마다 투자금액을 동일하게 유지해 주가가 올라갈수록 피라미드처럼 매입 주식 수를 적게 가져가는 방법을 말한다. 무한정 사들인 종목을 계속 가져가는 것이 아니라 회계 원리상 선입선출법에 따라 목표 수익률에 도달하면 과감하게 차익실현에 나서는 기법이다. 버핏이 체리 피킹할 때 피라미딩 원칙을 철저히 지키는 이유는 탐욕은 반드시 실패로 끝나기 때문이다.

일반 투자자들이 체리 피킹을 통해 금융 불안기를 극복하고 앞으로 주가가 회복되면 더 큰 돈을 벌기 위해서는 현시점에서 주가가 과도하게 떨어진 국가와 업종의 편입비율이 높은 글로벌 적립식 펀드에 매월 일정액을 넣어두는 방안이 아닌가 생각한다.

코로나 이후 신투자기법,
삼각 황금률 경영

최근 들어 글로벌 선도기업들은 코로나 사태 이후 적용될 평가 잣대에 맞춰 새로운 전략을 짜기에 부심하고 있다. 대부분 선도기업들은 코로나 사태를 '대도약의 기회'로 삼고, 이를 위해 △도전적인 목표 설정 △신사업 조기 가시화 △가치 있는 제3의 섹터 등을 핵심 경영전략으로 잡은 것으로 조사됐다.

코로나 사태를 겪으면서 기업의 생존을 위해 지속 가능 경영이 한층 더 중요해지고 있다. 국제사회가 지속 가능 경영에 동참하지 않는 기업에 대해 불이익을 가하려는 움직임까지 나타나고 있다. 국내 기업들도 이런 경향을 수용해 새로운 경영표준을 정하고 속속 경영전략에 반영하고 있다.

각국의 산업정책에 있어서도 이런 환경에 맞춰 우선순위가 바뀌고 있다. 한때 정보기술(IT) 산업에 주력했던 각국의 산업정책이 금융위기 이후에는 제조업을 재중시하는 경향이 뚜렷하다. 같은 제조업이라도 고용창출 효과가 큰 수출업종을 중심으로 각종 지원을 통해 집중 육성하고 있다.

오랜만에 '르네상스'라는 용어가 붙을 정도로 각국이 제조업을 중시하는 이유는 거시정책 목표를 단순히 성장률을 끌어올리는 것이 아니라 체감경기 개선에 두고 있기 때문이다. 특히 최근처럼 물가가 추세적으로 안정된 시대에 있어서 체감경기를 개선한다는 것은 일자리 창출에 주력하겠다는 의미다.

이런 목적을 달성한다는 시각에서 보면 지난 10년간 주력산업이었던 IT산업은 우선순위에서 뒷전으로 물러날 수밖에 없다. IT산업은 네트워크만 깔면 깔수록 생산성이 증가하는 '수확 체증의 법칙'이 적용되기 때문에 이 산업이 주도가 돼 경기가 회복되더라도 일자리, 특히 청년층의 일자리는 늘어나지 않는다.

코로나 사태를 계기로 주력산업으로 떠오른 빅테크 기업에 대해서도 벌써 규제 움직임이 일고 있다. 주도하는 국가는 중국이다. 6년 전 미국과의 경제패권을 겨냥한 '제조업 2025'를 추진하면서 반도체를 비롯한 첨단기술 육성에 아낌없이 지원해왔던 중국이 2021년 3월에 열렸던 전인대(전국인민대표자대회) 이후 바뀌었다. △해외상장 제한 △민간기업 빅데이터 공유 △반독점법 적용 확대 등을 통해 빅테크 기업을 이중삼중으로 옥죄고 있다.

미국도 상황은 다르지 않다. 연방거래위원회(FTC) 수장으로 '아마존 킬러'로 알려진 리나 칸을 임명한 이후 △경쟁사 킬러인수 규제 △핵심인력 빼내기 제한 △망 중립성 확보 △제품 수리권 확대 등을 추진하고 있다. 중국과 다른 점이 있다면 날로 심해지고 있는 빅테크 기업의 독점행위를 규제해 자국 시장에서 경쟁을 촉진시키려는 의도가 강하다는 점이다.

미국과 중국 자체적으로 기업 권력이 국가권력을 넘보는 빅테크 기업의 독점력을 견제하려는 목적도 크다. 국민(중국의 경우 인민) 화합 차원에서 코로나 사태를 계기로 '횡재 효과'를 누린 빅테크의 이익을 '상흔 효과'로 거리로 내몰리는 소상공인과 저소득층, 그리고 MZ세대를 지원하려는 의도가 깔려 있다.

다른 국가도 마찬가지다. 난항을 겪을 것으로 예상됐던 글로벌최저법인세율 15퍼센트 부과안에 주도했던 경제협력개발기구(OECD) 회원국을 넘어 130개국 이상이 합의했던 것도 이 때문이다. 우리도 카카오 모빌리티가 가맹 택시인 블루에 고객을 몰아주고 정작 유료 회원은 뒷전에 내몰리는 등 배달 서비스, 골프장 이용 등에 테크래시가 빈번하게 발생하고 있다.

주목해야 할 것은 테크래시가 갈수록 범세계적인 성격을 띰에 따라 디지털 뉴라운드 협상이 전개될 움직임이 고개를 들고 있다는 점이다. 디지털 뉴라운드 협상은 디지털 경쟁정책 라운드(DCR, 빅테크 독점 규제), 디지털 기술 라운드(DTR, 해킹과 랜섬웨어 차단), 디지털 노동 라운드(DBR, 빈곤층 고용 차별 금지), 디지털 환경 라운드(DGR,

무관세 모라토리움 방지) 등 이른바 '4DR'다.

글로벌 선도기업들이 전통적인 제조업을 중시할 뿐만 아니라 코로나 사태를 맞아 주력산업으로 떠오른 빅테크 산업 이후 새롭게 주력산업으로 떠오를 새로운 '알파 라이징 업종'에 대한 관심이 지속되는 것도 이 때문이다. 알파 라이징 업종이란 현존하는 기업 이외라는 점에서 '알파(α)'가, 위기 이후 적용될 새로운 평가 기준에 따라 부각된다는 의미에서 '라이징(rising)'이 붙은 용어이다.

코로나 사태를 맞아 K자형 양극화 구조가 더 심해졌다. 이 때문에 최근 들어서는 동반자 관계설정, 각종 기부 등을 통해 중소기업과 저소득층과 함께 가는 새플라-로스 공생영역인 '임팩트' 경영에도 주력하고 있다. '임팩트, 즉 Empact'란 감정이입을 뜻하는 'Empathy'와 사회적 연대를 나타나는 'Pact'가 결합된 용어로 사회적 연대경영을 말한다. 코로나 사태를 맞아 유행하는 'ESG(환경·사회적 가치·지배구조)'가 대표적인 예다.

기업에 따라 다소 차이가 있으나 글로벌 선도기업들은 전통적인 제조업과 알파 라이징 업종, 새플라-로스 공생 업종 간에 '3 대 4 대 3' 또는 '4 대 4 대 2' 원칙을 유지하고 있다. 월스트리트저널 등은 글로벌 선도기업들의 이 같은 경영원칙을 '삼각 황금률 경영(triangle golden rule management)'이라 한다.

주목해야 할 것은 글로벌 선도기업들의 '삼각 황금률 경영'에서 중시하는 업종들은 친인간적이고 친환경적이라는 면에서 공통적이다. 코로나 사태 이후 돈을 가장 많이 벌고 있는 버핏은 이점을 중시해 종목을 선정하고 있다. 글로벌 선도기업들의 이 같은 경영과 버핏의 신투자 기법은 국내 기업인과 투자자에게도 많은 시사점을 던져준다.

짐 로저스와 북한 투자

세계적인 투자 구루 가운데 한국에 대해 가장 많은 말을 한 사람은 단연 '상품투자의 귀재'라 불리는 짐 로저스다. 특히 북한에 대해 미얀마, 앙골라와 함께 차기 투자 유망처라고 잊을 만하면 추천해오고 있다. 쉽게 이해되지 않는 일이라 '로저스의 궤변'이라 부르기까지 한다. 이 때문에 북한 투자에서 '얼마나 돈을 벌 수 있는가'보다 '그 숨은 의도가 무엇인가'에 투자자의 관심이 더 쏠리고 있는 상황이다.

아주 드문 일이긴 하지만 이전에도 북한 관련 자산이 투자대상으로 관심을 끈 적이 있었다. 첫 번째 시기는 1990년대 중반이다. 당시 북한은 심각한 식량 위기에 몰리면서 조만간 붕괴될 것이라는 소문이 확산됐다. 이 때문에 체제 붕괴에 대한 기대로 그 이전까지만 하더라도 10센트를 밑도는 액면가 1달러인 북한 채권가격이 60센트까지 치솟았다.

김대중 대통령이 노벨 평화상을 수상할 당시에도 북한 채권가격이 액면가 수준으로 치솟으면서 실제 거래도 많았다. 이때는 국내에서도 남북관계가 호전될 것이라는 기대가 확산되면서 북한 채권과 같은 특수채를 거래하는 영국의 금융중개회사인 이그조틱스에 북한 채권을 사두려는 문의가 많았다.

로저스 회장이 차세대 유망처로 북한을 지목한 직후에는 상품 미개발국이기 때문에 유망하다고 하지 않았느냐 하는 시각이다. 하지만 종전의 북한 채권이 관심을 끌었을 때를 감안하면 김정은 체제가 외화를 비롯한 경제 사정이 어렵고, 때문에 조만간 남북관계에 획기적인 개선이 있지 않을까 하는 기대도 많았다. 최소한 문재인 정부 출범 초기까지 그랬다.

여러 견해가 있으나 북한이 체제 유지를 위한 필요한 최소 외화가득액은 1년에 50억 달러는 돼야 한다는 것이 정설이다. 국제 금융시장에서 북한의 역사는 체제 유지를 위한 외화 조달의 험난한 시기라고 보는 시각이 많다. 특히 냉전 시대 종식 이후에는 이 같은 움직임은 더 뚜렷하게 나타났다.

서방에 대해 디폴트를 선언한 1970년대 중반 이전에는 북한이 자체 신용으로 채권을 발행해 필요한 외화의 일부를 조달했다. 디폴트 선언 이후 거래되는 모든 북한 채권은 상환 불능 처리된 1970년대 중반 이전에 발행된 것으로 유동성 확보 차원에서 BNP

파리바 등이 발행한 세컨더리 채권이다.

1970년대 중반 이후 1990년 베를린 장벽이 무너지기까지 북한의 외화 조달은 구소련 등 동맹국에 전전으로 의존했다. 이른바 냉전 시대에 구소련은 공산주의 체제 결속을 위해 북한에 외화를 지원할 필요가 있었다. 이 시기에 북한도 시베리아 지역 등에 벌목공 파견 등이 왕성하게 이뤄졌다.

1990년 베를린 장벽 붕괴로 상징되는 냉전 시대 종식 이후 북한의 외화 조달은 극도로 어려워졌다. 궁여지책 속에 고안해 낸 것이 국제통화기금(IMF), 세계은행(WB), 아시아 개발은행(ADB) 등 국제금융기구에 가입하는 길이다. 이들 기구에 가입하면 공산주의 체제를 유지하느냐와 상관없이 인류 공영 차원에서 지원되는 '저개발국의 성장 촉진을 위한 외화자금'을 받을 수 있기 때문이다.

하지만 각종 국제금융기구에 최대 의결권을 갖고 있는 미국은 같은 사안에 대해 국제법과 국내법 간에 충돌이 있을 때 국내법을 우선적으로 적용한다. 미국의 국내법은 세계평화와 인류공영에 반하는 국가들을 '테러 적성국'으로 지정하고, 이 국가들의 국제금융기구 가입을 원천 봉쇄해놓고 있다. 지금도 북한은 국제금융기구 가입뿐만 아니라 뉴욕 등 국제금융시장 접근이 차단돼 있다.

2000년대 들어서는 북한의 외화 조달이 얼마나 어려워졌는가는 외화가득원을 보면 극명하게 드러난다. 슈퍼 노트(100달러 위조지폐) 발행, 마약 밀거래, 각종 헤킹 사건 등은 국제사회에서 문제가 될 정도로 많아졌다. 심지어는 '베이징 컨센서스'의 일환으로 해외자원 확보를 통해 세력을 확장하려는 중국의 전략과 맞물려 북한이 부존자원을 매각해 외화를 조달해왔다. 북한을 중국의 경제 식민지로 부르는 것도 이 때문이다.

게임이론에서 '죄수의 딜레마'는 널리 알려져 있다. 다른 참가자들을 배려하지 않고 자신의 관점에서 이익이 되는 경우의 수를 선택하면 최악의 게임 결과를 낳는 것이 이 법칙의 골자다. '섀플리-로스의 공생적 게임'보다 '내쉬-노이만의 제로섬 게임' 관점에서 그 어느 국가보다 국제 협상에서 길항(拮抗), 즉 밀고 당기기를 잘한다는 평가를 받아오는 북한도 이 점을 모를 리가 없다.

하지만 북한은 외화 조달에 궁지에 몰리면서 한국 등 주변국을 상대로 마치 시소게임을 벌이듯 외줄 타기 전략을 추진해왔다. 초기에는 성과가 있는 듯했지만 갈수록 외국 투자와 각종 국제사회 지원 등이 중단돼 '갈라파고스 함정'에 빠졌다. 갈라파고스 함정이란 중남미 에콰도르령(領)인 갈라파고스 제도가 아메리카 대륙으로부터 1,000km 이상 떨어져 있는 데 빗대 세계와 격리돼있는 경제 고립화 현상을 말한다. 북한 채권 거래도 완전히 실종됐고 가격도 한낱 '휴지'에 불과할 수준까지 다시 떨어졌다.

결국 김정은 체제가 유지되기 위해서는 남한에 유연한 자세로 나올 수밖에 없을 것이라는 낙관론이 문제인 정부의 전향적인 북한 정책과 맞물려 공감을 얻었다. 로저스가 차기 투자 유망처로 북한을 지목한 것도 김정은 체제 붕괴, 남북관계 급진전 등의 숨은 의도가 깔려 있는 것이 아닌가 하는 시각도 같은 맥락이다. 이제 남한도 정권 교체기에 접어들고 있다. 2022년 3월 대선 이후 차기 정부에서 북한 정책이 어떻게 변할지는 쉽게 예상할 수 없다.

2020년대 한국 경제는 어떻게 변할까

어느덧 또 다른 10년, 2020년대를 맞은 지도 2년째다. '기대 반-우려 반'으로 맞이했던 이전의 10년과 달리 2020년대만큼은 유독 '우려' 일색이다. 첫해부터 코로나 사태를 맞아 1년 반 만에 사망자 수가 2차 대전 당시의 사망자 수를 넘어섰다. 모든 예측기관은 남아 있는 2020년대 세계 경제와 국제금융시장은 순탄치 않을 것이라는 데 의견을 같이한다.

두 가지 요인 때문이다. 하나는 각종 위기와 위기 극복으로 점철됐던 2010년대가 제대로 마무리되지 않은 채 또 다른 10년을 맞이하는 미완성에 따른 두려움이다. 다른 하나는 코로나 사태에서 입증했듯이 그 어느 10년보다 '혼돈 속에 대변화'가 일어날 것으로 예상되는 앞날에 대한 대책을 마련해놓지 못한 데 따른 우려가 겹치고 있기 때문이다.

남아 있는 2020년대 세계 경제는 2010년대에 비해 환경 면에서는 '뉴노멀'에서 '뉴앱노멀', 위험관리 면에서 '불확실성'에서 '초불확실성'으로 한 단계 더 악화되리라 예상된다. 뉴앱노멀·초불확실성 시대가 무서운 것은 어느 날 갑자기 '빅 체인지(big change)', 즉 대변화가 닥친다는 점이다.

2020년대 세계경제 질서는 첫해부터 '속이 꽉 찬 버거(solid burger)'가 아니라 '속이 빈 버거(nothingburger)'가 될 가능성을 시사했다. 외형상으로 2차 대전 이후 세계 경제 질서를 주도해온 국제기구와 국제규범이 남아 있더라도 실질적인 역할과 구속력은 더 떨어지고 있다. 하지만 그 속을 채워줄 새로운 국제기구와 국제규범이 태동할 움직임은 나타나지 않는다. 오히려 미국과 중국이 경제패권을 놓고 대립하는 과정에서 '화합'보다 '편 가르기'에 더 열을 올리고 있다.

최악의 경우 무정부·무규범의 혼돈 시대를 맞을 수 있다. "짐의 말이 곧 법이다"라는 말이 통할 만큼 경제 절대 군주 시대에서는 새로운 국제기구와 규범을 만들기 위해 각국이 머리를 맞대는 일조차 어렵다. 설령 만들어지더라도 구속력과 이행력이 따르지 않는 느슨한 형태가 될 가능성이 높다. 미국은 이미 도널드 트럼프 정부가 보여줬고 중국은 시진핑 국가주석의 장기집권 과정에서 더 강하게 나타나고 있다.

국제통화질서도 '시스템이 없는' 지금의 체제가 지속될 것으로 예상된다. 중국, 러시아 등 사회주의 국가를 중심으로 탈(脫) 달러화 움직임이 빠르게 진전되는 가운데 유로화, 위안화, 엔화 등 현존하는 통화가 달러화를 대체하기도 어려워 보이기 때문이다. 오히려 중국이 디지털 위안화를 발행하는 것을 계기로 디지털 기축통화 자리를 놓고 미국과 중국 간 또 한 차례 환율전쟁이 벌어질 것으로 예상된다.

금융위기가 발생할 것인가에 대한 우려는 첫해부터 들이닥친 코로나 사태로 2010년대보다 더 높아졌다. 금융위기 극복 과정에서 풀린 돈이 회수되지 않은 여건에서 코로나 사태를 맞아 중앙은행의 역할이 포기됐다는 비판을 들을 만큼 더 많이 풀렸다. 초저금리로 부채도 위험수위를 넘어섰다. 종전과 다른 점은 중국과 미국의 금융위기가 발생할 확률이 높아졌다는 점이 실제 발생 여부와 관계없이 차기 금융위기에 대한 우려를 증폭시키고 있다.

문제는 '다음 세대'보다 '다음 선거', '국민'보다 '자신의 자리'만을 생각하는 정치꾼이 더 판칠 것으로 예상됨에 따라, 현대통화론자(MMT)의 주장처럼 돈을 더 풀고 빚을 더 내서 쓸 경우 지금까지 겪어보지 못했던 대형위기가 찾아올 가능성이 있다는 점이다. 국제통화기금(IMF), 세계은행(WB) 등과 같은 국제경제기구가 제 역할을 못하고 있는 여건에서는 글로벌 초대형 위기로 악화될 수도 있다.

산업적으로는 알파 라이징 산업(α-rising industry), 빈곤층 비즈니스(BOP business), 해빙에 따른 북극과 그린란드에서 시작되는 신천지 산업(new frontier industry), 대중화 단계에 들어가는 우주항공 산업(off the earth industry) 등 종전에 볼 수 없었던 '제3 섹터'가 부상하는 점에도 주목해야 한다. 대량 실업에 따른 사회병리 현상을 해결하기 위해 2010년대와 마찬가지로 제조업도 계속해서 중시될 것으로 예상된다.

매년 초 스위스 작은 휴양 도시 다보스에서 열리는 세계경제포럼(WEF)이 단골 메뉴처럼 지적해온 디스토피아 문제는 더 심화될 것으로 예상된다. 디스토피아란 유토피아의 반대되는 개념인 반(反)이상향으로, 예측할 수 없는 지구상의 가장 어두운, 특히 극단적으로 어려운 상황을 말한다.

2021년에는 이상기후 현상이 '대(great)'가 붙어야 할 정도로 심했다. 북미 지역은 대폭염, 중남미 지역은 대가뭄, 아시아 지역은 대태풍, 유럽 지역은 대홍수, 아프리카 지역은 대사막화, 오세아니아 지역은 강한 바람에 편승한 대쥐떼 등으로 전 세계가 홍역을 치르고 있다. 엄격히 따진다면 지난 2년 가까이 전 인류를 공포로 몰아넣고 있는 코로나 사태도 이상기후에 따른 디스토피아 문제다.

문제는 한국 경제다. 어떤 변화에도 이러지도 저러지도 못하는 '원더링(wandering)', 즉 방황의 시기를 겪을 가능성이 높기 때문이다. 최선책인 뉴앱노멀·초불확실성 시대에 어느 날 갑자기 찾아오는 빅 체인지를 주도하지 못하더라도 적극적으로 다가가 두드려야 차선책이라도 나올 수 있다. 하지만 이마저도 여의치 않다.

가장 우려되는 것은 미국과 중국 간 경제패권 다툼 과정에서 '투키디데스 함정'에 빠질 가능성이다. 투키디데스 함정은 신흥 강대국이 급부상하면서 기존 강대국이 느끼는 두려움으로 전쟁이 불가피해지는 상황을 말한다. 기원전 5세기 스파르타가 아테네의 부상을 견제하기 위해 27년 동안 치렀던 펠로폰네서스 전쟁을 다룬 투키디데스의 이름에서 비롯된 용어다. 2015년 9월 미·중 정상회담에서 시진핑 주석이 언급한 이후 활발하게 사용되고 있다.

중국과 미국은 이미 이 함정에 빠져 경제패권 전쟁을 치르고 있다는 시각도 많다. 트럼프 정부는 출범 초부터 추구했던 달러 약세에 맞서 시진핑 정부가 위안화 약세로 맞대응하는 과정에서 '환율전쟁' 위기에 몰리다가 '관세전쟁'으로 한 단계 높아졌다. 조 바이든 정부 들어서는 미래기술산업 주도권을 놓고 '첨단기술 전쟁'까지 벌어지고 있다. 헨리 키신저 전 미국 국무장관은 3차 대전을 경고할 정도다.

한반도는 투키디데스 함정에 빠져 운명이 크게 엇갈린 대표적인 사례로 꼽힌다. 19세기 이후 일본이 급부상함에 따라 당시 강대국이었던 중국(청·일 전쟁), 러시아(러·일 전쟁), 미국(태평양 전쟁)과 전쟁을 잇달아 치르는 과정에서 '일본 식민지 시대'와 '남북 분단'이라는 한반도의 비극이 시작되었다.

국제관계는 냉혹하다. 한반도를 둘러싼 정세 변화에 미국, 중국, 북한이 전략적 이익을 추구하는 과정에서 지금보다 더 복잡한 '수(數)' 싸움이 전개될 것으로 예상된다. 우리에게 절실한 것은 '중재자 역할'이다. 이 역할을 잘한다면 우리 경제가 한 단계 도약할 수 있는 절호의 기회가 되는 반면 잘 수행하지 못한다면 의외로 큰 시련이 닥칠 가능성이 높다.

하지만 2010년대에서 2020년대로 전환되는 중요한 시기에 한국 경제는 '갈라파고스 함정에 빠졌다'라는 비판이 나올 정도로 급변하는 세계 흐름에 잘 대처하지 못하고 있다. 대외환경에 크게 의존하고 미국과 중국 간 중간자 위치에 놓여 있는 한국 경제 입장에서는 특정 가치와 이념에만 편중된 프레임에 갇혀 있는 상황에서 탈피하지 못할 경우 더 치명적이 될 수 있다. 재테크 시장도 한국 경제 동향에 따라 좌우될 것이다.

초불확실성 시대,
무엇을 준비할 것인가?

2030 글로벌 머니게임,
또 다른 부의 기회를 잡아라

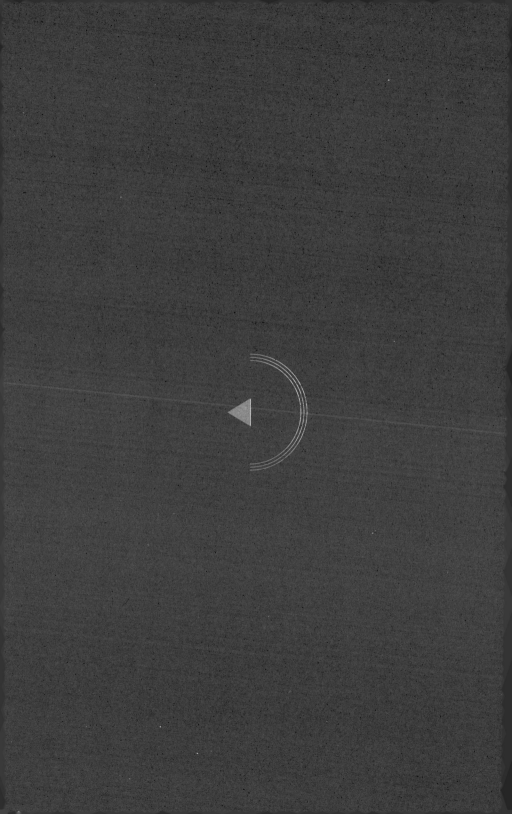

상위 1퍼센트 부자들이 부를 얻는 비밀

2만 번의 통찰

제1판 1쇄 발행 | 2021년 12월 15일
제1판 6쇄 발행 | 2022년 1월 17일

지은이 | 최현만, 한상춘
펴낸이 | 유근석
펴낸곳 | 한국경제신문 한경BP
책임편집 | 김정희
교정교열 | 박유진
저작권 | 백상아
홍보 | 서은실 · 이여진 · 박도현
마케팅 | 배한일 · 김규형
디자인 | 지소영
본문디자인 | 디자인 현

주소 | 서울특별시 중구 청파로 463
기획출판팀 | 02-3604-590, 584
영업마케팅팀 | 02-3604-595, 583   FAX | 02-3604-599
H | http://bp.hankyung.com   E | bp@hankyung.com
F | www.facebook.com/hankyungbp
등록 | 제 2-315(1967. 5. 15)

ISBN 978-89-475-4771-0   03320